TACTICS
1, 2, 3 GO!

"Grammaire Orale"

Joseph R. Scott, Jr.

Through Active Conversation To Individual Communication Skills

WAYSIDE PUBLISHING
Concord, Massachusetts

*"Mais quand vous êtes pris vous-même dans l'événement...
on ne peut pas ne pas se sentir concerné directement..."*
Eugène Ionesco (1909-1994) **Rhinocéros**

The author wishes to express his admiration and appreciation of the following:

Students at Middlesex School, Concord, Massachusetts

Rob, Deb, Chris, Kristin, P.T., Katie, Nisreen and Tarajia,
(encore une classe de rêve)

Donald James, a supportive colleague of decades,

David Greuel, Publisher, Wayside Publishing,

Polly, for tolerance beyond measure,

Andrew, for computer support, graphics and production assistance,

All those whose teaching has taken TACTICS beyond the classroom.

*This book is dedicated to you, the students,
whose energy, originality and enjoyment
remain the best part of any class.*

Cover design: Edith Heyck

Copyright 1998 by **WAYSIDE PUBLISHING**, Concord, Massachusetts
All rights reserved. No part of this publication may be reproduced, stored in a retrieval system, or transmitted, in any form or by any means, electronic, mechanical, photocopying, recording, or otherwise, without the prior written permission of the publisher. Printed in the United States of America.

ISBN 1-877653-60-8

To the student

Welcome to TACTICS in French. This book is based on the principle that you can travel with your classmates *through active conversation to individual communication skills*. Every page is designed for you to be supported by – and for you to support – another student. The more you put into your learning experience, the more you will get out of it.

In the best classes students are actively engaged and sincerely interested in learning, use cooperative skills as much as intellectual ones, are committed and disciplined enough to work on the specific topic of the moment, and are sufficiently imaginative and creative to never be bored. Such classes are a pleasant combination of play and work, fun and thought, awareness and imagination, seriousness and frivolity, stuff and nonsense. Also, such classes provide a context similar to that of the most amazing learning experience you have already had – the learning of your first language.

This book is intended to help you understand that "grammar makes sense." If you learn to communicate accurately, then you know grammar – just as you know the grammar of your first language, by use.

TACTICS exercises are cyclical; they just go round and round as you and your partner get better and better at them. The exercises encourage you and your partner to engage in so much correct language behavior that the grammatical structures you have rehearsed so thoroughly will occur naturally in your speech when you communicate in French. (See *page viii* for more information on the size and shape of the exercises.)

The knowledge of a grammar rule does not produce hundreds of examples, combinations and recombinations; but hundreds of examples can help make a grammar rule evident. (The rule all by itself is perhaps not very interesting.) TACTICS invites you to produce so much correct language behavior that you don't have to think about grammar. When the parts of the language you use are familiar, you only need to focus on communication.

You have to *study* a second language to begin to use it, but language works best when it doesn't require conscious attention. Exercises without end allow you to prepare for the dozens of choices which you will make in a single sentence. As much as possible, TACTICS exercises are structured to help you rehearse grammatical choices one at a time.

TACTICS: 1,2,3 GO! (**G**rammaire **O**rale) will help you learn what you are willing to practice. You still need a textbook which gives a fuller explanation of points this book presents. You also need a dictionary, both to look up words and to find new words for renewing familiar exercises. Most of all you need your classmates. Your combined energy, imagination and humor will help you learn with TACTICS.

BON VOYAGE!

Joe Scott

To the teacher

TACTICS: 1,2,3 GO! Grammaire Orale is the result of three decades of dealing with these questions: What should the students in my class **do** in order to learn this point of grammar? What are the students *willing* to do? What *can* they do?

Students need to be actively engaged; therefore, multiple conversations make up a significant part of any TACTICS class – a class in which *every* student speaks more than the teacher. Students are willing to talk to each other. They can do so in French – even on grammar topics – when oral activities are carefully constructed and adequately supported. Students can pay attention to each other as one speaks and one listens, as they alternate roles. Students can learn grammar inductively just as they did when learning their first language. (However, brief repeated explanations of grammar serve those who wish to learn a rule (or must memorize a rule) and then follow it. Such explanations can be brief in the context of what the class is practicing with TACTICS.)

Students learn language successfully following each other, for each can support the other in a long and demanding process. Students both entertain and challenge each other, especially when some small choice – thus the unexpected – is involved.

Experience suggests that the quality of attention students give to each other individually is superior to the quality of attention students give collectively to the teacher. Students are engaged in a different way with each other in the learning process than any individual student with the teacher in front of the rest of the class.

Language learning is more like soccer than math class, that is, if we wish to train players rather than commentators. Language learning is more like dancing than auto mechanics. The success of a language class depends more on what the student *does* than on what the teacher can do. TACTICS proposes the creation of the maximum desirable language behavior with minimum instruction.

TACTICS: 1, 2, 3 GO! presents material which is generally common to the first three years of French in high school. The exercises are intended to be "as easy as 1, 2, 3" and also to cover the grammar of French 1, 2 and 3. However, a book of this scope cannot hope to be complete. It should serve as a valuable and engaging aid to students in any basal program. It is hoped that this collection of TACTICS exercises also provides many models for the solutions to problems which are not addressed in this book.

I hope you will read "To the student" on the preceding page – just as I hope the student will read this page. Grammar does make sense in that good grammar underlies the accuracy and sophistication of all language communication.

Best wishes for classes in which you enjoy the energy and creativity of your students as they think of new ways to do (and undo) these exercises when you say, "Un, deux, trois, go!"

TACTICS: 1, 2, 3 GO! in class

In a TACTICS class the teacher consciously limits his or her activities to *that which only the teacher can do*. Students do all the "work", for the quality and quantity of the students' work will determine their individual language learning success. With carefully structured support (***TACTICS: 1, 2, 3 GO!***) students can lead each other, drill each other, and question each other in preparation for the tests or performances the teacher demands.

The most common form of TACTICS exercise is simply **reading aloud** alternating lines (suggested by alternating bold face text), working with a partner until each student can do the exercise without the book. Another common pattern is that of a **"leader" drill**, modeled after the way students prepare each other for tests. If one student gives the form in one column (the infinitive or the feminine, for example), another student gives the form in another column (the past participle or the feminine). Often **gestures** are used to lead a drill thereby increasing speed and avoiding translation. Less commonly **translation** itself *is* the drill in order to build comprehension for further work.

Every page in ***TACTICS: 1, 2, 3 GO!*** offers one or more activities. Imaginative students will find many different ways to work with each other on the same page. Initially the teacher assumes responsibility for telling students how to use a given page. Eventually the teacher will only select the page, encourage students to begin work (1, 2, 3, GO!) and then the teacher can observe which students have adopted effective ways of working. The most effective student procedures can be presented as models for the class to follow ;-) !

TACTICS exercises serve as a good warm-up at the start of a class. At the end of a class the *same* exercise can usually be done in half the time, evidence of familiarity and progress. The exercises in this book also serve as preparation for a thorough discussion of a point of grammar. The *same* exercise after such a discussion provides immediate application and practice.

Experienced teachers recognize the utility of having all the students working aloud together, along with other modes of oral and written work. Everyone in the classroom enjoys a varied pace. In addition, each student has his or her own natural pace. TACTICS can be a useful part of any language class, especially since it allows students to pay attention to each other and to make choices (however small) as to what comes next and how quickly it happens.

TACTICS: 1, 2, 3 GO! presents more than a hundred possibilities for paired oral work on topics with which students of French must become familiar. Page *viii* of the introduction gives more information about the structure of the exercises in this book. TACTICS exercises help create efficiently and effectively classes in which *every* student speaks more than the teacher. Such classes are engaging and enjoyable experiences for everyone.

Table des matières

year 1, 2 or 3

Exercises de base – l'essentiel

Le point de départ (1-5)	1	Addition et soustraction	13
Les jours de la semaine	2	Multiplication et division	14
Les mois de l'année	3	Les cases et les numéros	15
Tu t'appelles? Oui. Non. Si.	4	Les cases - salles de classe	16
Répétitions (Hein?)	5	Les cases vides	17
Etre (présent)	6	Les dates de personnages	18
Avoir (présent)	7	Les dates d'artistes	19
La phrase flexible	8	Posez des questions	20
(est-ce que, inversion)	9	Posez des questions (listes)	21
L'alphabet	10	Posez des questions ;-)	22
La phrase d'exclamation	11	Poésie *amour maternel*	23
Les nombres (1-100)	12	La collection des mots	24-5

Exercices au sujet des parties du discours

Les interjections	26	**Les pronoms**	
Les conjonctions	27	Les personnes et les gestes	44
		Exercices avec les gestes	45
Les noms et les articles	28	Deux pronoms objets	46
La présentation des noms	29	Possession "C'est à moi."	47
Le pluriel des noms	30	(Adjectifs possessifs)	48
Le partitif	31	Pronoms possessifs	49
"Lundi, la tarte arrive."	32	Pronoms accentués	50
		Pronoms accentués, encore	51
Les adverbes et expressions	33	Pronoms interrogatifs (personnes)	52
Exemples d'adverbe	34	Pronoms interrogatifs (choses)	53
Comparaison d'adverbes	35	Les cercles de pronoms	54
Expressions négatives	36	"il est, elle est" + adjectif	55
		C'est + nom	56
Les adjectifs de couleur	37	C'est vs. il est	57
Les adjectifs de nationalité	38	Les pronoms relatifs (qui / que)	58
"Cet arbre est un bel arbre"	39	(suite) (lequel)	59
Le placement des adjectifs	40	(suite) (où et dont)	60
Adjectifs irréguliers	41	(suite) (ce qui, ce que)	61
Exemples d'adjectifs	42	Les pronoms démonstratifs (celui)	62
Comparaison d'adjectifs	43	(suite) (celui-ci, celui-là)	63
Adjectifs possessifs	48	Le pronom interrogatif lequel	64

vi (six) introduction   TACTICS: **1, 2, 3 GO!**

Table des matières

year 1, 2 or 3

Exercices au sujet des parties de discours (suite)

Les prépositions

de et à + article	65	Jouer à, jouer de, faire de	68
La géographie et les prépositions	66	Verbe + prépositions + infinitif	69
La colline, la montagne, la liste	67	Préposition + formes de verbe	70

Exercices au sujet des verbes

La conjugaison du verbe	72	**Le futur et le conditionnel**	94
Le présent des verbes réguliers	73	"Quand" (présent, futur, passé)	95
Les impératifs	74	**L'imparfait**	96
Les impératifs (affirmatif / négatif)	75	"Quand j'étais petit..."	97
Les impératifs en disputes	76	L'imparfait et la description	98
Le présent du verbe réfléchi	77	L'imparfait et le passé composé	99
Les verbes irréguliers (présent) 1-10	78	Verbes (+ **passé simple**) - l'essentiel	100
Les verbes irréguliers (présent) 11-20	79	**Le plus-que-parfait**	101
Prononciation et orthographe (-er)	80	**Le futur antérieur**	102
Le passé composé - verbes réguliers	81	"Si je comprends..." (Si + présent)	103
Le passé composé avec *être*	82	"Si je comprenais..." (Si + imparfait)	104
"La liste" (16 verbes) p-c avec être	83	"Si j'avais compris..." (Si + p-q-p)	105
Le passé composé avec *avoir*	84	"Quand" et l'indicatif	106
Phrases au passé composé	85	L'ordre de deux actions de la phrase	107
Auxiliaire *avoir* <u>ou</u> *être* (sortir)	86	**Le subjonctif**	108
Le passé composé - verbes réfléchis	87	Modes : subjonctif / impératif / indicatif	109
Les temps (passé composé, passé	88	Le subjonctif – usage	110
récent, présent, futur proche, futur)	89	Le subjonctif passé (+ conjonctions)	111
Les négatifs (au présent et au p-c)	90	Les verbes irréguliers (présent) 21-30	112
L'accord du participe passé	91	(suite) 31-40	113
Le participe passé – entendu	92	**Le passif** (révision - *être*)	117
Le participe passé ("Qui l'a prise?")	93		

Variations et divertissements

Poésie – *"amour maternel"* (impératif)	23	Verbe écrit (tous les temps)	116
Poésie – *"Chanson"* (ce que)	71	Références – **y, en, le**	118
Les vols (**heure** et nombres ordinaux)	114	"Les petites personnes" expliquées	119
Verbe écrit (un temps simple + p-c)	115	**"Les petites personnes"**	120

TACTICS: **1, 2, 3 GO!**　　　　　　　　　　　　　　　　introduction (sept) vii

Understanding TACTICS exercises

1. Every page presents something to do while talking with a classmate.

2. Every exercise is endless in structure. Two students working together can continue to work until a page is learned very thoroughly. (A student has learned the material when the *same* drill can be performed *individually without* the book.)

3. Continuous work is the key to successful learning. Even after "learning" the material on one page, one repeats the page to improve accent, to increase speed, to experience competence, to challenge a partner or just for the fun of it.

4. Most drills consist of an odd number of elements, thus one student finishes a repetition and a partner starts another repetition (as with 1 **2** 3 **4** 5).

5. Each page is a unit which provides all the elements necessary for one drill or for several drills associated with a specific point of grammar.

6. Taking turns is part of every exercise. Sometimes one student cues a drill for another students by pointing, by making a gesture or by giving an oral cue. After half a minute or so the leader should let the other student cue the drill. One leads a partner as one would like to be lead (the golden rule).

7. *Words in italics* are either brief explanations or translations. *Words in italics* are usually read (not said) except when translation *is* the drill.

8. Underlined elements in a drill can be changed at will. What one says about a book (for example) can also be said about another noun which a student chooses.

9. Empty lines are opportunities for a student to create an original sentence or question which will continue the work on the page. (Empty heads are dangerous.)

_____.

;-) *Note that this requires imagination.*

10. Bold face type is used to suggest the turn of one student while the next line may be in plain type to suggest the turn of the partner, for example 1, **2**, 3, **4**, 5. (Note that every other time through the sequence a student *hears* what he or she *said* in the previous sequence – which is the reason TACTICS exists.)

11. There are many ways for students to work together and drill each other with the material on a given page. (Common variations include nine subject pronouns, masculine, feminine, singular, plural. A single change carried through an exercise provides a new variation.) Variations are also created by change of partner, by change of speed, accent and manner as well.

12. Imaginative students create the best drills.

13. Every page involves something to do *orally* – which, of course, the student can do *in writing* in another context. Also, an odd number of elements (*without* numbers) *is* a natural part of TACTICS for two.

viii (huit) introduction   TACTICS: **1, 2, 3 GO!**

Point de départ 1 2 3

1
2
3
4
5

un
deux
trois
quatre
cinq

I
II
III
IV
V

TACTICS: **1, 2, 3 GO!**

Les jours de la semaine

lundi

mardi

mercredi

jeudi

vendredi

samedi

dimanche

Une année

les mois de l'année

janvier

février

mars

avril

mai

juin

juillet

août

septembre

octobre

novembre

décembre

Tu t'appelles...? Oui. Non. Si.

oui *(yes)*   non *(no)*   si *(yes, **only in reply to negative**)*

	oui	
Pierre	non	*Pauline*
	si	
_____		_____

Pierre pose les questions: *Pauline pose les questions:*

–Pauline?	**–Oui.**	–Pierre?	**–Oui.**
–Pauline?	**–Oui.**	–Pierre?	**–Oui, oui.**
–Non.	**–Si!**	–Non.	**–Si, si!**
–Pauline?	**–Oui, oui.**	–Non.	**–Si, si, si!**
–Marie-Isabelle.	**–Non.**	–Pierre?	**–Oui.**
–Si.	**–Non.**	–Jean-Louis.	**–Non.**
–Si, si.	**–Non, non.**	–Si.	**–Non.**
–Si.	**–Non.**	–Si, si.	**–Non, non.**
–Pauline.	**–Oui.**	–Pierre?	**–Oui.**
–Oui?	**–Oui, oui.**	–Oui?	**–Oui, oui.**
–Jeanne d'Arc!	**–Non!**	–Napoléon!	**–Non!**
–Si!	**–Non, non.**	–Si!	**–Non, non!**
–Si, si.	**–Non, non.**	–Si.	**–Non, non.**
–Pauline?	**–Oui.**	–Pierre?	**–Oui, oui.**
–Pauline?	**–Oui, oui**	–Pierre?	**–Oui.**
–Ah, d'accord, Pauline.		–Ah, d'accord, Pierre.	

deux personnes
des noms + oui, non, si

_____   _____   _____   _____
_____   _____   _____   _____
_____   _____   _____   _____
_____   _____   _____   _____
_____   _____   _____   _____

4 quatre   TACTICS: **1, 2, 3 GO!**

Répétitions

Je sais ce que c'est
mais
je ne sais pas
comment le dire
en français.

Je ne comprends pas.
Je ne sais pas.
Répétez, s'il vous plaît.
Quel est le devoir?
Où sommes-nous?

Qu'est-ce qui se passe?
Nous sommes à quelle page?
Qui sait?
Que faisons-nous?
Je n'ai aucune idée.

Hein? **Quoi?** Pardon? **Comment?** S'il vous plaît?

I know what it is
but
I don't know
how to say it
in French.

I don't understand.
I don't know.
Repeat, please.
What is the homework?
Where are we?

What is going on?
What page are we on?
Who knows?
What are we doing?
I have no idea.

Huh? What? Excuse me? How(is that)? Please?

TACTICS: **1, 2, 3 GO!**

être – to be

je suis	suis-je
tu es	**es-tu**
il est	est-il
elle est	**est-elle**
on est	est-on
nous sommes	**sommes-nous**
vous êtes	êtes-vous
ils sont	**sont-ils**
elles sont	sont-elles

affirmatif   *interrogatif*

négatif   *négatif - interrogatif*

je ne suis pas	**ne suis-je pas**
tu n'es pas	n'es-tu pas
il n'est pas	**n'est-il pas**
elle n'est pas	n'est-elle pas
on n'est pas	**n'est-on pas**
nous ne sommes pas	ne sommes-nous pas
vous n'êtes pas	**n'êtes-vous pas**
ils ne sont pas	ne sont-ils pas
elles ne sont pas	**ne sont-elles pas**

(_____ secondes)

avoir – to have

j'ai	ai-je
tu as	**as-tu**
il a	a-t-il
elle a	**a-t-elle**
on a	a-t-on
nous avons	**avons-nous**
vous avez	avez-vous
ils ont	**ont-ils**
elles ont	ont-elles

affirmatif — *interrogatif*

négatif — *négatif - interrogatif*

je n'ai pas	**n'ai-je pas**
tu n'as pas	n'as-tu pas
il n'a pas	**n'a-t-il pas**
elle n'a pas	n'a-t-elle pas
on n'a pas	**n'a-t-on pas**
nous n'avons pas	n'avons-nous pas
vous n'avez pas	**n'avez-vous pas**
ils n'ont pas	n'ont-ils pas
elles n'ont pas	**n'ont-elles pas**

(_____ *secondes*)

TACTICS: 1, 2, 3 GO!

La phrase flexible

s = sujet; v = verbe; ? = interrogatif; X = négatif

s v	Tu parles.
s v ?	**Tu parles?**
s X v	Tu ne parles pas.
? s v	**Est-ce que tu parles?**
s v X?	Tu parles, n'est-ce pas?
v s ?	**Parles-tu?**
X v s ?	Ne parles-tu pas?

s v	**Elle danse.**
s v ?	Elle danse?
s X v	**Elle ne danse pas.**
? s v	Est-ce qu'elle danse?
s v X?	**Elle danse, n'est-ce pas?**
v s	Danse-t-elle?
X v s ?	**Ne danse-t-elle pas?**

s v	_____
s v ?	_____
s X v	_____
? s v	_____
s v X?	_____
v s ?	_____
X v s ?	_____

huit

TACTICS: **1, 2, 3 GO!**

exemples de flexibilité

s v	**Je mange.**
s v ?	Je mange?
s X v	**Je ne mange pas.**
? s v	Est-ce que je mange?
s v X?	**Je mange, n'est-ce pas?**
v s	Est-ce que je mange? *("je" requires "est-ce que")*
X v s ?	**Est-ce que je ne mange pas?**

C'est facile.	_____	*It's easy.*
C'est facile?	_____	*It's easy? (intonation)*
Ce n'est pas facile.	_____	*It isn't easy.*
Est-ce que c'est facile?	_____	*Is it (that it's) easy?*
C'est facile, n'est-ce pas?	_____	*It's easy, isn't it?*
Est-ce facile?	_____	*Is it easy?*
N'est-ce pas facile?	_____	*Isn't it easy?*

Le bébé boit.　　　　　　　　　Papa parle.　　　Lili lit.
Le bébé boit?
Le bébé ne boit pas.
Est-ce que le bébé boit?
Le bébé boit, n'est-ce pas?
Le bébé, boit-il?
Le bébé, ne boit-il pas?

Il y a un problème.　　　　　　Il y a une classe.　　Il y a des devoirs.
Il y a un problème?
Il n'y a <u>pas de</u> problème. (= 0)
Est-ce qu'il y a un problème?
Il y a un problème, n'est-ce pas?
Y a-t-il un problème?
N'y a-t-il pas un problème?

TACTICS: **1, 2, 3 GO!**　　　　　　　　　　　　　　　　　　　　neuf 9

L'ALPHABET

*Les **cinq** voyelles*

A
E
I
O
U

*Les "**sept** voyelles* de l'alphabet"*

a	A H K
é	B C D G P T V W
e	E
è	F L M N R S Z
i	I J X Y
o	O
u	Q U

ABCD EFG **HIJK** LMNOP **QRS** TUV **WXYZ**

A B C D E F G H I J K L M N O P Q R S T U V W X Y Z

*exemples

a	é	e	è	i	o	u
passe	été	le	être	île	rôle	bu
âge	**bébé**	**de**	**crème**	**ville**	**beau**	**du**
pas	thé	me	mais	dit	zéro	pu
la	**vallée**	**te**	**valet**	**site**	**sot**	**su**
grâce	mémé	se	jouet	il	au	tu

10 dix

TACTICS: **1, 2, 3 GO!**

La phrase d'exclamation!

Qu'est-ce que c'est bon!!!
Ce que c'est bon!!
Comme c'est bon!
Que c'est bon!
C'est bon.

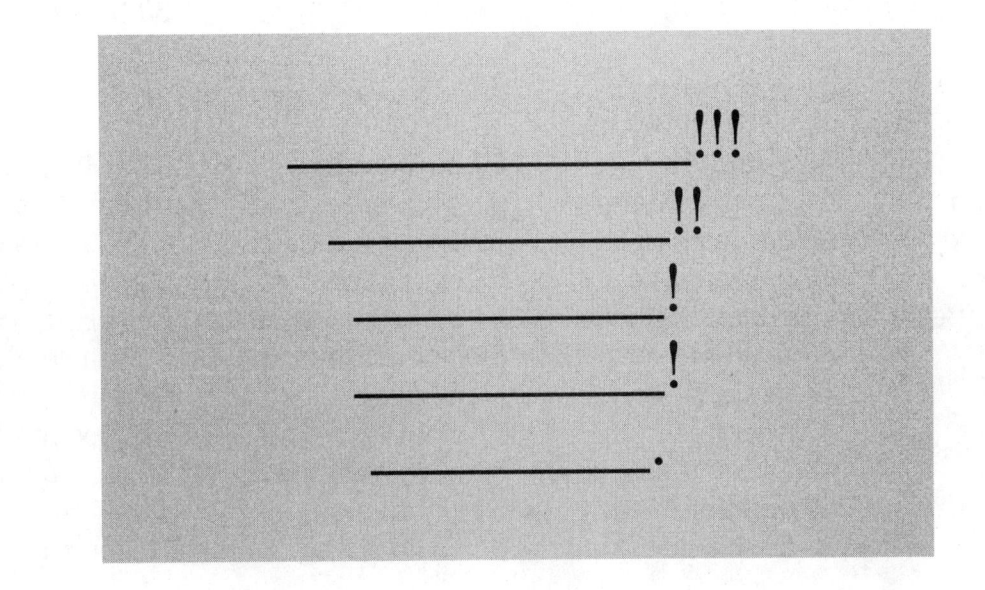

```
_____!!!
 _____!!
  _____!
   _____!
    _____.
```

Qu'est-ce qu'il fait beau!!!
Ce qu'il fait beau!!
Comme il fait beau!
Qu'il fait beau!
Il fait beau.

Les nombres 1 à 100

0 zéro			**20 vingt**
10 dix	**1 un**	**11 onze**	21 vingt et un
20 vingt	2 deux	12 douze	**22 vingt-deux**
30 trente	**3 trois**	**13 treize**	23 vingt-trois
40 quarante	4 quatre	14 quatorze	**24 vingt-quatre**
50 cinquante	**5 cinq**	**15 quinze**	25 vingt-cinq
60 soixante	6 six	16 seize	**26 vingt-six**
70 soixante-dix	**7 sept**	**17 dix-sept**	27 vingt-sept
80 quatre-vingts	8 huit	18 dix-huit	**28 vingt-huit**
90 quatre-vingt-dix	**9 neuf**	**19 dix-neuf**	29 vingt-neuf
100 cent			**30 trente**

30 trente	**40 quarante**	**50 cinquante**	**60 soixante**
31 trente et un	41 quarante et un	51 cinquante et un	61 soixante et un
32 trente-deux	42 quarante-deux	52 cinquante-deux	62 soixante-deux
33 trente-trois	43 quarante-trois	53 cinquante-trois	63 soixante-trois
34 trente-quatre	44 quarante-quatre	54 cinquante-quatre	64 soixante-quatre
35 trente-cinq	45 quarante-cinq	55 cinquante-cinq	65 soixante-cinq
36 trente-six	46 quarante-six	56 cinquante-six	66 soixante-six
37 trente-sept	47 quarante-sept	57 cinquante-sept	67 soixante-sept
38 trente-huit	48 quarante-huit	58 cinquante-huit	68 soixante-huit
39 trente-neuf	49 quarante-neuf	59 cinquante-neuf	69 soixante-neuf
40 quarante	50 cinquante	60 soixante	70 soixante-dix

70 soixante-dix	**80 quatre-vingts**	**90 quatre-vingt-dix**
71 soixante et onze	81 quatre-vingt-un	91 quatre-vingt-onze
72 soixante-douze	82 quatre-vingt-deux	92 quatre-vingt-douze
73 soixante-treize	83 quatre-vingt-trois	93 quatre-vingt-treize
74 soixante-quatorze	84 quatre-vingt-quatre	94 quatre-vingt-quatorze
75 soixante-quinze	85 quatre-vingt-cinq	95 quatre-vingt-quinze
76 soixante-seize	86 quatre-vingt-six	96 quatre-vingt-seize
77 soixante-dix-sept	87 quatre-vingt-sept	97 quatre-vingt-dix-sept
78 soixante-dix-huit	88 quatre-vingt-huit	98 quatre-vingt-dix-huit
79 soixante-dix-neuf	89 quatre-vingt-neuf	99 quatre-vingt-dix-neuf
80 quatre-vingts	90 quatre-vingt-dix	100 cent (*cent un, cent deux*)

Addition et soustraction

1-2

	3	6	4	8	7	5	1	9	2
Deux	+ 6	+ 8	+ 3	+ 5	+ 6	+ 2	+ 9	+ 4	+ 1

et

	10	12	13	14	15	16	17	18	19
deux	+ 1	+ 2	+ 3	+ 4	+ 5	+ 6	+ 7	+ 8	+ 9

font

quatre.

21	23	33	44	55	66	77	88	99
+11	+12	+13	+14	+15	+16	+17	+18	+19

54	83	49	27	81	94	67	78	16
+71	+99	+45	+79	+16	+13	+95	+68	+16

81	79	66	48	99	77	36	88	91
+81	+55	+33	+70	+80	+67	+16	+18	+11

	8	5	7	3	9	6	2	1	4
Quatre	-3	-2	-6	-1	-8	-3	-1	-1	-2

moins

	18	17	15	14	11	12	16	19	13
deux	-15	-16	- 9	-12	- 7	- 5	-13	-17	- 3

reste

deux.

20	30	40	50	60	70	80	90	100
- 8	-17	-26	-35	-44	-53	-62	-71	- 50

18	17	16	15	14	13	22	14	40
-8	-8	-6	-5	-13	-3	-12	-4	-14

54	83	49	27	81	94	67	78	66
-31	-79	-45	-23	-16	-13	-15	-48	-16

TACTICS: **1, 2, 3 GO!**

treize 13

Multiplication et division

1-2

	7	8	9	6	2	3	1	5	4
Deux	x2	x2	x2	x3	x7	x5	x3	x3	x4
fois									
deux	1	2	3	4	5	6	7	8	9
font	x2	x2	x3	x4	x5	x6	x7	x8	x9
quatre.									
	19	18	17	16	15	14	13	12	11
	x1	x2	x3	x4	x5	x6	x7	x8	x9
	2	9	3	8	4	7	5	6	8
	x5	x8	x6	x7	x9	x3	x7	x5	x9
	22	33	44	55	66	76	81	99	100
	x3	x4	x2	x5	x6	x2	x3	x10	x16

	4÷2=	8÷4=	16÷4=	18÷6=	20÷2=
Quatre					
divisé	40÷10=	27÷3=	36÷6=	49÷7=	66÷11=
par					
deux	80÷10=	52÷4=	90÷10=	100÷4=	39÷3=
fait					
deux.	26÷2=	45÷3=	51÷3=	34÷17=	57÷3=
	81÷9=	66÷22=	33÷3=	90÷15=	100÷2=
	56÷8=	64÷8=	42÷7=	88÷11=	48÷3=
	300÷3=	35÷7=	80÷20=	92÷4=	144÷12

14 quatorze   TACTICS: **1, 2, 3 GO!**

Les cases et les numéros

Où est le numéro trois?
Où est le numéro neuf?
Où est le numéro deux?
Où est le numéro dix?
Où est le numéro six?

une colonne ↓

un rang →

en haut à gauche	en haut au centre	en haut à droite
8	1	6
à gauche au centre	tout au centre	à droite au centre
3	5	7
en bas à gauche	en bas au centre	en bas à droite
4	9	2

Quel numéro est tout au centre?
Quel est le total de la troisième colonne?
Quel est le total d'un diagonal? de l'autre?
Quel est le total du deuxième rang?
Quel numéro est en bas à gauche?
Combien de cases y a-t-il dans le carré?
Pourquoi est-ce que c'est un carré "magique?"

TACTICS: **1, 2, 3 GO!**   quinze 15

Les salles de classe

Où est la classe d'anglais?
Dans quelle salle est la classe d'art?
Qui est le professeur de latin?
Quelle salle est entre la chimie et la biologie?
Combien de salles de langues y a-t-il?

le cours / la classe de latin

la salle (numéro) 3

anglais **1** Mlle Suhard	français **2** M. de Forestier	latin **3** Mme César
mathématiques **4** M. Descartes	histoire **5** Mme Antoinette	art **6** Mlle Cassatt
chimie **7** Mme Curie	physique **8** Mlle Ampère	biologie **9** M. Lagrenouille

Deux personnes imitent ces phrases en alternant.

Je vais <u>à la classe</u> d'anglais de Mlle Suhard dans la salle numéro 1.
(à mon cours)(au cours)

Je viens <u>de la classe</u> d'art de Mlle Cassatt dans la salle numéro 6.
(de mon cours)(du cours)

Je vais de la classe de chimie de Mme Curie dans la salle numéro 7 à la classe d'histoire de Mme Antoinette dans la salle numéro 5!

16 seize

TACTICS: **1, 2, 3 GO!**

Les cases vides

1

Qu'est-ce qu'il y a tout au centre?
Combien de cases extérieures y a-t-il?
Qu'est-ce qu'il y a aux coins?
Y a-t-il une case vide? (où il n'y a rien?)
Quelle case a quelque chose d'intéressant?

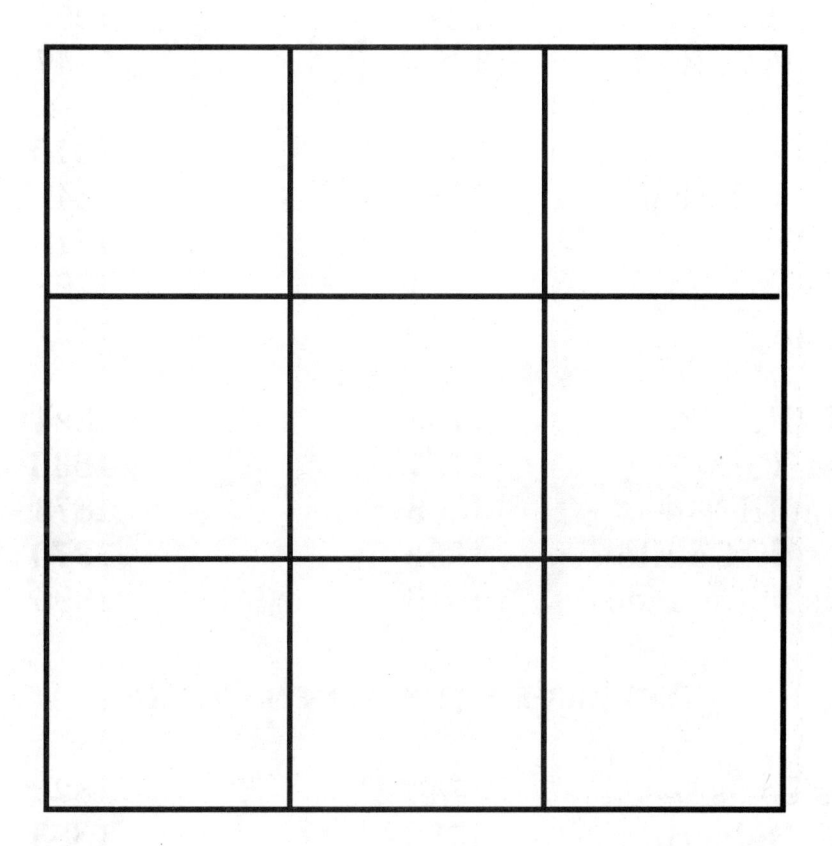

Exercice original—page à copier dans un cahier ou au tableau noir.

TACTICS: **1, 2, 3 GO!**

Personnages historiques – dates

	Il est né en... *(Il naquit en...)*	Il est mort en... *(Il mourut en...)*
Charlemagne	743	814
Hughes Capet	**938**	**996**
Louis IX (Saint Louis)	1214	1270
Philippe IV	**1285**	**1270**
François Premier	1494	1547
Henri IV	**1553**	**1610**
Cardinal de Richelieu	1585	1642
Louis XIV	**1638**	**1715**
Louis XVI	1754	1793
Napoléon	**1769**	**1821**
Louis XVIII	1755	1824
Charles X	**1757**	**1836**
Napoléon III	1808	1873
Charles de Gaulle	**1890**	**1970**
François Mitterand	1916	1996

Artistes - peintres - dates

Jacques-Louis David	1748	1825
Eugène Delacroix	**1798**	**1883**
Honoré Daumier	1808	1879
Claude Monet	**1840**	**1926**
Pierre-Auguste Renoir	1841	1919
Edouard Manet	**1832**	**1883**
Edgar Degas	1834	1917
Paul Cézanne	**1839**	**1906**
Vincent van Gogh	1853	1890
Pablo Picasso	**1881**	**1973**

Personnages littéraires – dates

	Il est né en... *(Il naquit...)*	Il est mort en... *(Il mourut en...)*
François Villon	1431	1480
Pierre de Ronsard	**1524**	**1585**
Pierre Corneille	1606	1684
Jean-Baptiste Racine	**1639**	**1699**
Molière	1622	1673
Jean-Jaques Rousseau	**1712**	**1778**
Alphonse de Lamartine	1790	1869
Alfred de Musset	**1810**	**1857**
Charles Baudelaire	1821	1867
Alexandre Dumas, père	**1803**	**1870**
Marcel Proust	1871	1922
François Mauriac	**1885**	**1967**
Albert Camus	1913	1960
Eugène Ionesco	**1912**	**1994**
Jacques Prévert	1900	1977

Femmes illustres

	Elle est née en... *(Elle naquit en...)*	Elle est morte en... *(Elle mourut en...)*
Jeanne d'Arc (Sainte Jeanne)	1412	1431
Marceline Desbordes Valmore écrivain	1786	1859
George Sand (nom de plume d'Aurore Dupin) écrivain	1804	1876
Marie Curie scientiste	1867	1934
Sidonie Gabrielle Colette écrivain	1873	1952

Posez des questions

cuisine   *kitchen (f.)*
chaise   *chair (f.)*
table   *table (f.)*
pain   *bread (m.)*
sac   *bag (m.)*

Quel est le premier mot?
Combien de lettres a le deuxième mot?
Est-ce que le troisième mot est féminin?
Quelle est la première lettre du quatrième mot?
Quelle est la dernière lettre du dernier mot?

Est-ce que le troisième mot est masculin?
Quel est le cinquième mot?
Quel est le pluriel du dernier mot?
Quel mot est après le deuxième mot?
Quelle est la troisième lettre du troisième mot?

Combien de mots y a-t-il?
Quel mot est le plus court?
Quel mot est entre le deuxième mot et le quatrième mot?
Comment est-ce que le nombre de lettres change?
Combien de voyelles y a-t-il dans la liste?

(***continuez*** *avec des variations...ou changez de liste*)

Posez des questions au sujet des listes

1
tout
quel
où
toujours
comment

2
pourquoi
parce que
toujours
quand
quel

3
Louise
Jacques
Jean-Paul
Marie-France
Chantal

4
et
ou
mais
quand
parce que

5
quel
chaque
plusieurs
enceinte
problème

6
_____
_____
_____
_____
_____

TACTICS: 1, 2, 3 GO!

Posez des questions

quelqu'un — *someone (pron.)*
chaque — *each (adj.)*
tout — *all (adj.)*
chacun — *each one (pron.)*
enceinte — *pregnant (adj.)*
plusieurs — *several (adj. & pron.)*
quelque — *some (adj.)*

Quel est le féminin de "chacun?"
Quel est le pluriel de "tout?"
Quel est le singulier de "plusieurs?" (1)
Quel est le masculin de "enceinte?" (2)
Quel est le féminin pluriel de "tout?"
Quel est le masculin pluriel de "enceinte?"
Quelle est la dernière lettre de "plusieurs?"

(***continuez*** *avec des variations*)

	masc. singulier	*fém. singulier*	*masc. pluriel*	*fém. pluriel*
someone	quelqu'un	quelqu'une	quelques-uns	quelques-unes
each (adj.)	chaque	chaque		
all	tout	toute	tous	toutes
each one (pron.)	chacun	chacune		
pregnant		enceinte		enceintes
several			plusieurs	plusieurs
some, a few	quelque	quelque	quelques	quelques

(1)"Plusieurs?" Il n'y a pas de singulier. (2)"Enceinte?" Il n'y a pas de masculin!

Poésie à mémoriser

Monologue of maternal love

Monologue de l'amour maternel

Qu'on
Change
Son
Lange!

Let one change his/her diapers!

Mange,
Mon
Bon
Ange.

Eat, my good angel.

Trois
Mois
D'âge!...

Three months old!

Sois
Sage:
Bois.

Be good: drink.

Charles Cros 1842-1888

Combien de vers y a-t-il dans ce sonnet?
Quel est l'impératif familier du verbe "manger?"
Quel âge a le bébé dans ce poème?
"Sois" est l'impératif familier de quel verbe?
Est-ce que le mot "ange" est masculin ou féminin?
Que doit-on changer pour le bébé?
Est-ce que tous les bébés sont masculins?
Quels sont les trois impératifs du verbe "boire?"
Que dit-on aux enfants pour demander qu'ils soient bons?
Qui parle au bébé dans ce poème?
Est-ce que le bébé parle? Pourquoi?
Qu'est-ce que c'est qu'un monologue?
Comment s'appelle ce bébé?
_____?

TACTICS: **1, 2, 3 GO!**   vingt-trois 23

La collection des mots

Y a-t-il un exemple de chaque sorte de mot pour chaque lettre?

le nom masculin	le nom féminin	l'adjectif m./f.	le verbe
a	a	a	a
b	b	b	b
c	c	c	c
d	d	d	d
e	e	e	e
f	f	f	f
g	g	g	g
h	h	h	h
i	i	i	i
j	j	j	j
k	k	k	k
l	l	l	l
m	m	m	m
n	n	n	n
o	o	o	o
p	p	p	p
q	q	q	q
r	r	r	r
s	s	s	s
t	t	t	t
u	u	u	u
v	v	v	v
w	w	w	w
x	x	x	x
y	y	y	y
z	z	z	z

La collection des mots

Y a-t-il un exemple de chaque sorte de mot pour chaque lettre?

le pronom	l'adverbe	la préposition	la conjonction	l'interjection
a	a	a	a	a
b	b	b	b	b
c	c	c	c	c
d	d	d	d	d
e	e	e	e	e
f	f	f	f	f
g	g	g	g	g
h	h	h	h	h
i	i	i	i	i
j	j	j	j	j
k	k	k	k	k
l	l	l	l	l
m	m	m	m	m
n	n	n	n	n
o	o	o	o	o
p	p	p	p	p
q	q	q	q	q
r	r	r	r	r
s	s	s	s	s
t	t	t	t	t
u	u	u	u	u
v	v	v	v	v
w	w	w	w	w
x	x	x	x	x
y	y	y	y	y
z	z	z	z	z

TACTICS: **1, 2, 3 GO!**

Interjections!

Liste A Un(e) élève utilise une interjection.
Liste B **Un(e) autre identifie l'interjection.**
Liste C Le premier vérifie l'interjection. (et ainsi de suite)

A	B	C
a (ah!)	**Tu comprends enfin.**	Oui, je comprends.
e (euhhh?)	**Tu ne comprends pas.**	Non, je ne comprends pas.
i (iii!)	**Tu as mal.**	Oui, j'ai mal.
o (oh!)	**C'est une surprise.**	Oui, c'est une surprise.
u ((P)u!)	**Tu ne l'aimes pas.**	Non, je ne l'aime pas.
an ((H)an!)	**Tu es fâché(e).**	Oui, je suis fâché(e)!
in (Hein?)	**Tu veux que je répète?**	Oui, je veux que tu répètes.
un (Ehun!)	**C'est trop lourd pour toi?**	Oui, c'est trop lourd.
on (onnn...)	**C'est mignon, n'est-ce pas?**	Oui, c'est bien mignon.
ouf (Ouf!)	**Tu es fatigué(e)?**	Oui, je suis fatigué(e).
bof (Bof!)	**Tu ne sais que faire? (Que peut-on faire?)**	Non, je ne sais que faire. (On ne peut rien faire.)

Liste C:
Yes, I understand. No, I don't understand. Yes, I am in pain. Yes, it's a surprise. No, I don't like it. Yes, I am mad! Yes, I want you to repeat. Yes, it's too heavy. Yes, it's really cute. Yes, I am tired. No, I don't know what to do. (One can't do anything (about it). One can do nothing.)

TACTICS: **1, 2, 3 GO!**

Conjonctions

et
ou
mais
quand
parce que

Le professeur crie et l'élève dort.
Le professeur crie mais l'élève dort.
Le professeur crie ou l'élève dort.
Le professeur crie quand l'élève dort.
Le professeur crie parce que l'élève dort.

Le professeur crie	l'élève dort
Le chat miaule	le chien aboie.
Je danse	tu ne danses pas.
Il travaille	elle ne travaille pas.
Je vais à Paris	tu vas à Nice.
_____	_____
_____	_____

*The teacher shouts **and** the student sleeps.*
*The cat meows **or** the dog barks.*
*I am dancing **but** you are not dancing.*
*He works **when** she doesn't work.*
*I am going to Paris **because** you are going to Nice.*

TACTICS: 1, 2, 3 GO! vingt-sept 27

Les articles et les noms – "finger drills"

One student directs with one hand. "Shows" the article for the noun. Another student speaks—says what is shown.

(translation and/or writing exercise)

gesture (One student shows...)	*(masculin)*	*(féminin)*	
	(Another student says...)		
one finger (/thumb) up	un <u>livre</u>	une <u>carte</u>	one <u>card</u>
two fingers up	deux livres	deux cartes	two cards
three fingers up	trois livres	trois cartes	three cards
	_____	_____	? cards
	_____	_____	? cards
fingers up in motion (too quick to count)	des livres	des cartes	some cards
one finger down	le livre	la carte	the card
two fingers down	les livres	les cartes	the cards
one finger down, circles	tout le livre	toute la carte	all the card
two fingers down, circle	tous les livres	toutes les cartes	all the cards
one finger down <u>touching (any surface)</u>	ce livre	cette carte	this/that ___
two fingers down <u>touching</u>	ces livres	ces cartes	these/those ___
one finger down <u>touching, circles</u>	tout ce livre	toute cette carte	all this ___
two fingers down <u>touching, circle</u>	tous ces livres	toutes ces cartes	all these ___
one palm up	quel livre?	quelle carte?	what card?
two palms up	quels livres?	quelles carte?	what cards?
one palm on cheek	quel livre!	quelle carte!	what a card!
two palms on cheeks	quels livres!	quelles cartes!	what cards!

TACTICS: **1, 2, 3 GO!**

La présentation des noms – qui compte?

<u>le riz</u>
le spaghetti
la moutarde
l'huile
l'eau

J'aime <u>le riz</u>.
On ne compte pas le riz.
Je prendrai du riz.
Il y a du riz?
Dommage. Il n'y pas de riz aujourd'hui.

une banane	<u>les bananes</u>
un bonbon	les bonbons
une orange	les oranges
un biscuit	les biscuits
un raisin	les raisins

J'aime <u>les bananes</u>.
On peut compter les bananes.
Je prendrai des bananes. (une banane, deux bananes,...)
Il y a des bananes?
Zut! Il n'y a pas de bananes aujourd'hui.

*Pour les **deux** conversations*

(the idea)	(one whole)	(some of a larger...)	(two whole)	(the/some/one whole)
la tarte	une tarte	de la tarte	deux tartes	*pie*
le pain	un pain	du pain	deux pains	*bread*
le thé	un thé	du thé	deux thés	*tea*
le café	un café	du café	deux cafés	*coffee*
la glace	une glace	de la glace	deux glaces	*ice cream*

m. rice	I like rice.	*f. bananas*	I like bananas.
m. spaghetti	One doesn't count rice.	*m. candies*	One can count bananas.
f. mustard	I will take some rice.	*f. oranges*	I will take some bananas (one, two..).
f. oil	There is some rice?	*m. crackers*	There are some bananas?
f. water	Too bad. There's no rice today.	*m. grapes*	(Rats!) There are no bananas today.

TACTICS: **1, 2, 3 GO!**

Noms pluriels

1-2

La prononciation du singulier et la prononciation du pluriel sont d'habitude identiques.
livre-livres   chaise-chaises   chef-chefs   pain-pains   repas-repas

Pluriels à prononcer:

un oeil	*an eye*	des yeux
le ciel	*the sky*	les cieux
monsieur	*mister*	messieurs
madame	*madame*	mesdames
mademoiselle	*miss*	mesdemoiselles
le métal	*metal*	les métaux
un animal	*animal*	des animaux
le cheval	*horse*	les chevaux
le travail	*work*	les travaux
le général	*general*	les généraux
le vitrail	*stained glass window*	les vitraux

Attention:

le bal	*the dance*	les bals
le carnaval	*carnival*	les carnavals
le détail	*detail*	les détails

Dites la dernière lettre du singulier et du pluriel.
Say aloud "le radis, les radis, s, s"   pour identifier les lettres   non-prononcées.

radish	le radis	les radis s-s	*bucket*	le seau	les seaux u-x
time(history)	le temps	les temps s-s	*fire*	le feu	les feux u-x
meal	le repas	les repas s-s	*pebble*	le caillou	les caillou u-x
time(1st,2nd)	une fois	des fois s-s	*skin*	la peau	les peaux u-x
voice	la voix	les voix x-x	*chateau*	le château	les châteaux u-x
prize, price	le prix	les prix x-x	*cake*	le gâteau	les gâteaux u-x
nut(food)	le noix	les noix x-x	*knee*	le genou	les genoux u-x
nose	le nez	les nez z-z	*owl*	le hibou	les hiboux u-x
book	le livre	les livres e-s	*cabbage*	le chou	les choux u-x
notebook	le cahier	les cahiers r-s	*hair*	le cheveu	les cheveux u-x
suit	le complet	les complets t-s	*vow, wish*	le voeu	les voeux u-x
chef	le chef	les chefs f-s	*flea*	le pou	les poux u-x
nail	le clou	les clous u-s	*nut!(person)*	le fou	les fous u-s
neck	le cou	les cous u-s	*pencil*	le crayon	les crayons n-s
penny	le sou	les sous u-s	*cap(army)*	le képi	les képi i-s
hole	le trou	les trous u-s	*gun*	le fusil	les fusil l-s
tom cat	le matou	les matous u-s			

30   trente   TACTICS: **1, 2, 3 GO!**

Il y en a?   Il n'y en a pas?

Je prendrai... Je voudrais... J'aimerais... Encore..., s'il vous plaît.
Il n'y a pas de ____. S'il n'y a pas de ____, je prendrai...

du / de l' *(masculin singulier)*   de la / de l' *(féminin singulier)*

pain	lait	beurre	bière	pâtisserie	eau
ail	vin	poivre	salade	sauce	glace
sel	fromage	café	tarte	crème	huile

des *(masculin pluriel)*   des *(féminin pluriel)*

fruits	oranges	artichauts	bananes	asperges	pamplemousses
noix	olives	légumes	baies	pommes	fraises
oeufs	pépins	objets	carottes	cerises	choses

Y a-t-il <u>du lait</u> dans ce restaurant?
Il n'y a pas de lait sur la carte.
Mais, je voudrais du lait.
Je suis certain(e) qu'il n'y a pas de lait.
C'est dommage. Alors, qu'est-ce que tu cherches (sur la carte)?
Y a-t-il _____ dans ce restaurant?

Il n'y a pas de pain!
Il n'y a pas de pain?
Non, il n'y a pas de pain, mais il y a des oranges.
Non, il n'y a pas d'oranges!
Il n'y a pas d'oranges?
Non, il n'y a pas d'oranges, mais il y a _____
Non, il n'y a pas de _____!
Il n'y a pas de _____?
Non, il n'y a pas de _____, mais il y a _____

---

bread	*milk*	*butter*	*beer*	*pastry*	*water*
garlic	*wine*	*pepper*	*salad*	*dressing*	*ice cream*
salt	*cheese*	*coffee*	*pie*	*cream*	*oil*

fruit	*oranges*	*artichokes*	*bananas*	*asparagus*	*grapefruits*
nuts	*olives*	*vegetables*	*berries*	*apples*	*strawberries*
eggs	*seeds*	*objects*	*carrots*	*cherries*	*things*

TACTICS: **1, 2, 3 GO!**

Lundi, la tarte arrive...

1-2

        la pâtisserie
        le café
        le riz
        la glace

Lundi, <u>la tarte</u> arrive, mais on n'en prend pas.
Mardi, on prend beaucoup de tarte. C'est un bon jour.
Mercredi, il n'y a pas de tarte parce que l'on fait des économies.
Jeudi, on prend de la tarte.
Vendredi, on prend un peu de tarte.
Samedi, on finit la tarte. Samedi soir il n'y en a plus.
Dimanche, il n'y a pas de tarte. Ce n'est pas très gai.

Est-ce que l'on prend _____ <u>lundi</u>?
Pourquoi est-ce que l'on ne prend pas de _____ mercredi?
Pourquoi est-ce que mardi est un bon jour?
_____

Il y a	un chocolat
Nous avons	une pâtisserie
Je voudrais...s'il vous plaît.	une glace

                              Ask for translation of
        une <u>tarte</u>   1. one (whole) pie
        deux tartes   2. two (whole) pies
        de la tarte   3. some of a larger...
        des tartes   4. some (plural), any
        la tarte   5. the specific one
        les tartes   6. the specific ones

Il n'y a **pas de**
Nous n'avons **pas de**   tarte   7. the zero quantity, none
Je ne voudrais **pas de**
        "**La** tarte est bonne."   8. "the big idea"
Ce n'est **pas de la** tarte. Ce n'est pas une tarte.   9. to correct mistakes
Ce ne sont pas des tartes. Ce n'est pas la tarte.
Ce ne sont pas les tartes. Nous n'avons pas une tarte; nous avons deux tartes.

Monday, the pie comes, but one doesn't have any. Tuesday, one has lots of pie. It's a good day. Wednesday one has no pie because one is saving. Thursday, one has some pie. Friday, one has a little pie. Saturday one finishes the pie. Saturday evening there isn't any more (of it). Sunday, there is no pie. It's not much fun.

TACTICS: 1, 2, 3 GO!

Expressions adverbiales

adjectif féminin	adverbe (adjectif féminin + -ment)	expressions adverbiales (d'une façon/manière ___, à la ___)
Elle est active.	Elle étudie <u>activement</u>.	Elle étudie d'une manière active.
Elle est bête.	Elle étudie <u>bêtement</u>.	Elle étudie d'une façon bête.
Elle est capable.	Elle étudie <u>capablement</u>.	Elle étudie d'une façon capable.
Elle est directe.	Elle répond <u>directement</u>.	Elle répond d'une manière directe.
Elle est élégante.	Elle danse <u>élégamment</u>.	Elle danse d'une manière élégante.
Elle est faible.	Elle travaille <u>faiblement</u>.	Elle travaille d'une façon faible.
Elle est gaie.	Elle travaille <u>gaiment</u>.	Elle travaille d'une manière gaie.
Elle est honnête.	Elle répond <u>honnêtement</u>.	Elle répond d'une façon honnête.
Elle est intelligente.	Elle parle <u>intelligemment</u>.	Elle parle d'une manière intelligente.
Elle est joyeuse.	Elle danse <u>joyeusement</u>.	Elle danse d'une manière joyeuse.
Elle est kenyanne.(?)	?	Elle danse à la kenyanne.
Elle est loyale.	Elle travaille <u>loyalement</u>.	Elle travaille d'une façon loyale.
Elle est misérable.	Elle parle <u>misérablement</u>.	Elle parle d'une manière misérable.
Elle est naïve.	Elle répond <u>naïvement</u>.	Elle répond d'une manière naïve.
Elle est originale.	Elle répond <u>originalement</u>.	Elle répond d'une façon originale.
Elle est polie.	Elle parle <u>poliment</u>.	Elle parle d'une manière polie.
Elle est québecoise.	?	Elle danse à la québecoise.
Elle est rapide.	Elle travaille <u>rapidement</u>.	Elle travaille d'une façon rapide.
Elle est simple.	Elle répond <u>simplement</u>.	Elle répond d'une manière simple.
Elle est triste.	Elle répond <u>tristement</u>.	Elle répond d'une manière triste.
Elle est unique.	Elle danse <u>uniquement</u>.	Elle danse d'une façon unique.
Elle est violente.	Elle danse <u>violemment</u>.	Elle danse d'une manière violente.
Elle est wallonne.	?	Elle danse à la wallonne.
Elle est yougoslave.	?	Elle danse à la yougoslave.
Elle est zaïrienne.	?	Elle danse à la zaïrienne.

Adjectifs: **masculin/féminin** English
actif/active active; **bête/bête** silly; **capable/capable** capable; **direct/directe** direct; **élégant/élégante** elegant; **faible/faible** weak; **gai/gaie** gay; **honnête/honnête** honest; **intelligent/intelligente** intelligent; **joyeux/joyeuse** joyous; **kenyan/kenyanne** Kenyan; **loyal/loyale** loyal; **misérable/misérable** miserable; **naïf/naïve** naive; **original/originale** original; **poli/polie** polite; **québecois/québecoise** Quebecker?; **rapide/rapide** fast; **simple/simple** simple; **triste/triste** sad; **unique/unique** unique; **violent/violente** violent; **wallon/wallonne** Walloon; **X?** ;-) ; **yougoslav/yougoslave** Yugoslavian; **zaïrien/zaïrienne** Zairian

TACTICS: **1, 2, 3 GO!**

Adverbes – exemples

adverbes ordinaires   *(Elle (parle vite), le professeur; la classe)*

Elle parle vite.	0.
Elle parle aussi vite que le professeur.	=
Elle ne parle pas si vite que le professeur.	≠
Elle parle plus vite que le professeur.	+
Elle parle moins vite que le professeur.	-
Elle parle le plus vite de la classe.	!+
Elle parle le moins vite de la classe.	!-

adverbe de qualité   *(les filles (danser bien), les garçons; les élèves)*

Les filles dansent bien.	0.
Les filles dansent aussi bien que les garçons.	=
Les filles ne dansent pas si bien que les garçons.	≠
Les filles dansent mieux que les garçons.	+
Les filles dansent pis (/plus mal) que les garçons.	-
Les filles dansent le mieux des élèves.	!+
Les filles dansent le pis (/le plus mal) des élèves.	!-

adverbe de quantité   *(Michel (manger beaucoup), moi; la famille)*

Michel mange beaucoup.	0.
Michel mange **autant** que moi.	=
Michel ne mange pas **autant** que moi.	≠
Michel mange plus que moi.	+
Michel mange moins que moi.	-
Michel mange le plus de la famille.	!+
Michel mange le moins de la famille.	!-

D'autres possibilités

	(que)	(de)
Jacques parle poliment.	Paul	le groupe
Il va bien.	moi	la classe
Elle danse beaucoup.	son frère	la famille
Elle travaille dur.	sa soeur	les enfants
J'étudie peu.	Marie	tous les élèves
Elle joue mal.	son amie	les filles
Tu danses bien.	ton père	ta famille

0.   =   ≠   +   -   !+   !-

Adverbes – comparaisons

Gestures - cues for oral work	Examples	Symbols - cues for written work
one palm up, hand forward	Cet exercice passe vite.	0.
two palms up, hands together	**Cet exercice passe <u>aussi vite que</u> l'autre exercice.**	=
two fists together, knuckles touching	Cet exercice ne passe <u>pas si vite que</u> l'autre exercice.	≠
one palm out, other hand finger up	**Cet exercice passe <u>plus vite que</u> l'autre exercice.**	+
one palm out, other hand finger down	Cet exercice passe <u>moins vite que</u> l'autre exercice.	-
one hand (& finger) points way up	**Cet exercice passe <u>le plus vite des</u> exercices.**	!+
one hand (& finger) points way down	Cet exercice passe <u>le moins vite des</u> exercices.	!-

(Anne (parle poliment), sa soeur; les enfants)   (Paul (chante bien), son frère; la famille)

Anne parle poliment.   *Paul chante bien.*
Anne parle aussi poliment que sa soeur.   **Paul chante aussi bien que son frère.**
Anne ne parle pas si poliment que sa soeur.   *Paul ne chante pas si bien que son frère.*
Anne parle plus poliment que sa soeur.   **Paul chante mieux que son frère.**
Anne parle moins poliment que sa soeur.   *Paul chante moins bien que son frère.*
Anne parle le plus poliment de la famille.   **Paul chante le mieux de la famille.**
Anne parle le moins poliment de la famille.   *Paul chante le moins bien de la famille.*

(_____ (verbe & adverbe), _____ ; _____)
   l'un(e)   l'autre   le groupe

one palm up, hand forward	_____	0.
two palms up, hands together	_____	=
two fists together, knuckles touching	_____	≠
one palm out, other hand finger up	_____	+
one palm out, other hand finger down	_____	-
one hand (& finger) points way up	_____	!
one hand (& finger) points way down	_____	!

TACTICS: **1, 2, 3 GO!**

Expressions négatives – "six disputes"

1-2

Il <u>parle</u> toujours.
Il ne parle jamais.
Il parle toujours.
Il ne parle jamais.
Toujours.
Jamais.
Toujours.
Jamais.
Il parle quelquefois?.
Oui, il parle quelquefois.
Alors, nous sommes enfin d'accord.
(Il <u>danse</u> toujours. etc.)

Il <u>mange</u> tout
Il ne mange rien.
Il mange tout.
Il ne mange rien.
Tout.
Rien.
Tout.
Rien.
Il mange quelque chose?
Oui, il mange quelque chose.
Alors, nous sommes enfin d'accord.
(Il <u>boit</u> tout. etc.)

Elle <u>voyage</u> partout.
Elle ne voyage nulle part.
Elle voyage partout.
Elle ne voyage nulle part.
Partout.
Nulle part.
Partout.
Nulle part.
Elle voyage quelque part?
Oui, elle voyage quelque part.
Alors, nous sommes enfin d'accord.
(Elle <u>va</u> partout. etc.)

Tout le monde <u>le fait</u>.
Personne ne le fait.
Tout le monde le fait.
Personne ne le fait.
Tout le monde.
Personne.
Tout le monde.
Personne.
Quelqu'un le fait?.
Oui, quelqu'un le fait.
Alors, nous sommes enfin d'accord.
(Tout le monde <u>est sérieux</u>. etc.)

Ils sont <u>bêtes</u>.
Ils ne sont pas bêtes.
Ils sont bêtes.
Ils ne sont pas bêtes.
Si.
Non.
Si.
Non.
Ils sont peu intelligents?
Oui, ils sont peu intelligents.
Alors, nous sommes enfin d'accord.
(Ils sont <u>fantastiques</u>. etc.)

Il <u>a fini</u>.
Il n'a pas encore fini.
Il a fini.
Il n'a pas encore fini.
Il a déjà fini.
Pas encore.
Déjà.
Pas encore.
Il a presque fini?
Oui, il a presque fini.
Alors, nous sommes enfin d'accord.
(Il <u>a terminé</u>. etc.)

Adjectifs de couleur

> une maison <u>blanche</u>
> **une chaise blanche**
> une table blanche
> **une carte blanche**
> une chose blanche

Répétez une liste avec une couleur. Faites une liste des objets et leur couleur.
Un élève présente l'objet. Un autre élève répète et choisit la couleur. Alternez.

masculin singulier	un garage	une maison	*féminin singulier*
	un livre	une chaise	
	un crayon	une table	
	un cahier	une carte	
	un objet	une chose	
	_____	_____	
masculin pluriel	des garages	des maisons	*féminin pluriel*
	des livres	des chaises	
	des crayons	des tables	
	des cahiers	des cartes	
	des objets	des choses	
	_____	_____	

blanc / blanche
blancs / blanches

vert / verte
verts / vertes

rose / rose
roses / roses

bleu / bleue
bleus / bleues

masculin singulier violet / violette *féminin singulier*
masculin pluriel violets / violettes *féminin pluriel*

TACTICS: **1, 2, 3 GO!** trente-sept 37

Adjectifs – nationalités

Les adjectifs ont quatre formes:
masculin singulier / féminin singulier / / masculin pluriel / féminin pluriel.

français	_____
Il est français.	Il est _____
Elle est française.	Elle est _____
Ils sont français.	**Ils sont** _____
Elles sont françaises.	Elles sont _____

Un alphabet de nationalités

américain(s) / américaine(s)
brésilien / brésilienne
chinois / chinoise
dominicains / dominicaine
espagnol / espagnole
finlandais / finlandaise
grec / grècque
hondurien / hondurienne
italien / italienne
japonais / japonaise
kenyan / kenyanne (?)
libanais / libanaise
marocain / marocaine

norvégien(s) / norvégienne(s)
ontarien / ontarienne (?)
portugais / portugaise
québecois / québecoise
russe / russe
suisse / suisse
tunisien / tunisienne
uruguayen / uruguayenne
vénézuélien / vénézuélienne
wallon / wallonne
xénien / xénienne (? ;-))
yougoslave / yougoslave
zambien / zambienne

"Une question de style"

<u>Un Français</u>	_____
marche d'une manière <u>française</u>,	marche d'une manière _____,
parle d'une façon <u>française</u>,	**parle d'une façon** _____,
fait la cuisine à la <u>française</u>,	fait la cuisine à la _____,
est tout à fait <u>français</u>!	**est tout à fait** _____!

"Cet arbre est un bel arbre."

Certains adjectifs ont deux masculin singulier, et on dit "mon actrice favorite"!

beau (bel) / belle   nouveau (nouvel) / nouvelle   mon / ma
beaux / belles   nouveaux / nouvelles   mes / mes

ce (cet) / cette   vieux (vieil) / vieille   ton / ta
ces / ces   vieux / vieilles   tes / tes

Voici mon piano.
Ce piano est ton piano.
Exact. Ce piano n'est pas ton piano, c'est mon piano.
Un vieux piano n'est pas (nécessairement) un beau piano.
Un nouveau piano est (généralement) un beau piano.

Voici mon école.
Cette école est ton école.
C'est ça. Cette école n'est pas ton école, c'est mon école.
Une vieille école n'est pas (nécessairement) une belle école.
Une nouvelle école est (souvent) une belle école.

Voici mon arbre.
Cet arbre est ton arbre.
Oui. Cet arbre n'est pas ton arbre, c'est mon arbre.
Un vieil arbre n'est pas (toujours) un bel arbre.
Un nouvel arbre est (souvent) un bel arbre.

masculin singulier *consonne initiale*	*masculin singulier* *voyelle initiale*	*féminin singulier* *voyelle initiale*	*féminin singulier* *consonne initiale*
chapeau	arbre	affiche	chaise
garage	anniversaire	action	chemise
lit	avion	école	fourchette
pantalon	endroit	escalier	montre
piano	étage	expérience	place
sac	homme	idée	serviette
veston	insecte	image	table

TACTICS: 1, 2, 3 GO! trente-neuf 39

Adjectifs – avant (le nom) ou après?

1-2

Généralement, l'adjectif se place <u>après</u> le nom: une maison <u>blanche</u>, mais voici (à gauche) les adjectifs qui se placent <u>avant</u> le nom: une <u>autre</u> maison.

	avant		*après*
		une maison	
		un village	
		un garage	
city		une ville	
airplane		**un avion**	
other	**autre/autre**		authentique/authentique
each	**chaque/chaque**		chic/chic
big	**grand/grande**		grec/grecque
new	**nouveau (nouvel)/nouvelle**		norvégien/norvégienne
little	**petit/petite**		paisible/paisible
several	**plusieurs/plusieurs (pl.)**		plein/pleine
each, every	**tout/toute**		tranquille/tranquille
		un homme	
		une femme	
		une personne	
		un individu	
		un(e) ami(e)	
lovely	**beau(bel)/belle**		brésilien/brésilienne
good	**bon/bonne**		bolivien/bolivienne
nice	**gentil/gentille**		généreux/généreuse
fat	**gros/grosse**		grave/grave
young	**jeune/jeune**		joyeux/joyeuse
bad(!)	**mauvais/mauvaise**		méchant/méchante
old	**vieux(vieil)/vieille**		végétarien/végétarienne
street		une rue	
path		**un sentier**	
		une avenue	
short	**court/courte**		calme/calme
pretty	**joli/jolie**		japonais/japonaise
long	**long/longue**		laid/laide

40 quarante   TACTICS: **1, 2, 3 GO!**

Adjectifs irréguliers à prononcer

masculin singulier	féminin singulier	(translation)	masculin singulier	féminin singulier	(translation)
Il est...	Elle est...		Il est...	Elle est...	
actif	active	active	gros	grosse	fat
ancien	ancienne	old, ancient	idiot	idiote	idiotic
attentif	attentive	attentive	inquiet	inquiète	worried
bas	basse	low	jaloux	jalouse	jealous
beau	belle	beautiful	las	lasse	tired
blanc	blanche	white	léger	légère	light
bon	bonne	good	long	longue	long
complet	complète	complete	malin	maligne	nasty
concret	concrète	solid	menteur	menteuse	lying
conservateur	conservatrice	conservative	mou	molle	soft
creux	creuse	hollow	muet	muette	mute
dangereux	dangereuse	dangerous	naïf	naïve	innocent
déstructif	déstructive	destructive	nerveux	nerveuse	nervous
discret	discrète	discreet	net	nette	clean, clear
doux	douce	sweet	neuf	neuve	(brand) new
épais	épaisse	thick	nul	nulle	no, (a zero)
faux	fausse	false	parisien	parisienne	Parisian
favori	favorite	favorite	premier	première	first
fin	fine	delicate	protecteur	protectrice	protective
flatteur	flatteuse	flattering	roux	rousse	red-headed
fou	folle	crazy	sec	sèche	dry
frais	fraîche	fresh, cool	secret	secrète	secret
franc	franche	frank, open	trompeur	trompeuse	deceiving
furieux	furieuse	furious	vieux	vieille	old
gras	grasse	plump	vif	vive	lively

TACTICS: **1, 2, 3 GO!**

Adjectifs – exemples

adjectifs ordinaires   (*Louise (grande), moi; la classe*)

Louise est grande.	0.
Louise est aussi grande que moi.	=
Louise n'est pas si grande que moi.	≠
Louise est plus grande que moi.	+
Louise est moins grande que moi.	-
Louise est la plus grande de la classe.	!+
Louise est la moins grande de la classe.	!-

(*les cousins (jeunes), les frères; la famille*)

Les cousins sont jeunes.	0.
Les cousins sont aussi jeunes que les frères.	=
Les cousins ne sont pas si jeunes que les frères.	≠
Les cousins sont plus jeunes que les frères.	+
Les cousins sont moins jeunes que les frères.	-
Les cousins sont les plus jeunes de la famille.	!+
Les cousins sont les moins jeunes de la famille.	!-

adjectif irrégulier   (*cette classe (bonne), l'autre classe; l'école*)

Cette classe est bonne.	0.
Cette classe est aussi bonne que l'autre classe.	=
Cette classe n'est pas si bonne que l'autre classe.	≠
Cette classe est **meilleure** que l'autre classe.	+
Cette classe est **pire** que l'autre classe.	-
Cette classe est **la meilleure** (classe) de l'école.	!+
Cette classe est **la pire** (classe) de l'école.	!-

D'autres possibilités

	(que)	(de)
Ma maison est belle.	ta maison	toutes les maisons
Un éléphant est fort.	un cheval	les animaux
Georges est grand.	Philippe	les garçons
Les bébés sont faibles.	les petits garçons	les enfants
Alice est folle.	Marie	toutes les filles
Cet exercice est facile.	l'autre exercice	tous les exercices
Le livre est bon.	l'autre livre	tous les livres

O.   =   ≠   +   -   !+   !-

Adjectifs – comparaisons

Gestures - cues for oral work   *Examples*   *Symbols - cues for written work*

Gestures - cues for oral work	Examples	Symbols - cues for written work
one palm up, hand forward	Cet exercice est facile.	0.
two palms up, hands together	**Cet exercice est <u>aussi facile que</u> l'autre exercice.**	=
two fists together, knuckles touching	Cet exercice n'est <u>pas si facile que</u> l'autre exercice.	≠
one palm out, other hand finger up	**Cet exercice est <u>plus facile que</u> l'autre exercice.**	+
one palm out, other hand finger down	Cet exercice est <u>moins facile que</u> l'autre exercice.	-
one hand (& finger) points way up	**Cet exercice est <u>le plus facile des</u> exercices.**	!+
one hand (& finger) points way down	Cet exercice est <u>le moins facile des</u> exercices.	!-

(Anne (belle), sa soeur; les enfants)   (Paul (petit), son frère; la famille)

Anne est belle.   Paul est petit.
Anne est aussi belle que sa soeur.   **Paul est aussi petit que son frère.**
Anne n'est pas si belle que sa soeur.   Paul n'est pas si petit que son frère.
Anne est plus belle que sa soeur.   **Paul est plus petit que son frère.**
Anne est moins belle que sa soeur.   Paul est moins petit que son frère.
Anne est la plus belle des enfants.   **Paul est le plus petit de la famille.**
Anne est la moins belle des enfants.   Paul est le moins petit de la famille.

(_____ (adjectif), _____ ; _____)
    l'un(e)   *l'autre*   *le groupe*

one palm up, hand forward	_____	0.
two palms up, hands together	_____	=
two fists together, knuckles touching	_____	≠
one palm out, other hand finger up	_____	+
one palm out, other hand finger down	_____	-
one hand (& finger) points way up	_____	!
one hand (& finger) points way down	_____	!-

TACTICS: **1, 2, 3 GO!**

Les personnes et les gestes

1

(see also page 119 and 120)

two hands (or fingers) forward
VOUS

point at angle, raise hand(s) (left or right)
ON

one hand (or finger) forward
TU

two hands (or fingers) left	*one hand (or finger) left*	*point at self*	*one hand (or finger) right*	*two hands (or fingers) right*
ILS	**IL**	**JE**	**ELLE**	**ELLES**

point at self and forward (or self and another person)
NOUS

Directed drilling: (for pairs)

> One student directs the drill with gestures.
> Another student performs orally.

Coordination – preparation: (for everyone – simultaneously)

> Every student directs <u>and</u> speaks, making the gesture and giving the matching pronoun and/or verb form.

Variations: Nine subjects, any verb tense (affirmative, negative, interrogative, negative-interrogative), any verb. Gestures also indicate direct object, indirect object, reflexive, and emphatic pronouns.

> The diagram can be a wall chart, hand-held card, slide, or a pattern on the floor.
> ***VERB DANCING:*** "I-you axis" is forward and back; "he-she" axis is left and right. Standing on one foot is "singular"; standing on two feet is "plural." Full-body coordination demonstrates learning and improves comprehension.

44 quarante-quatre   TACTICS: **1, 2, 3 GO!**

Pronoms – exercices oraux avec gestes

Given an example sentence, one student points and another give the sentence with the correct pronoun. *(see also pages 119 and 120)*

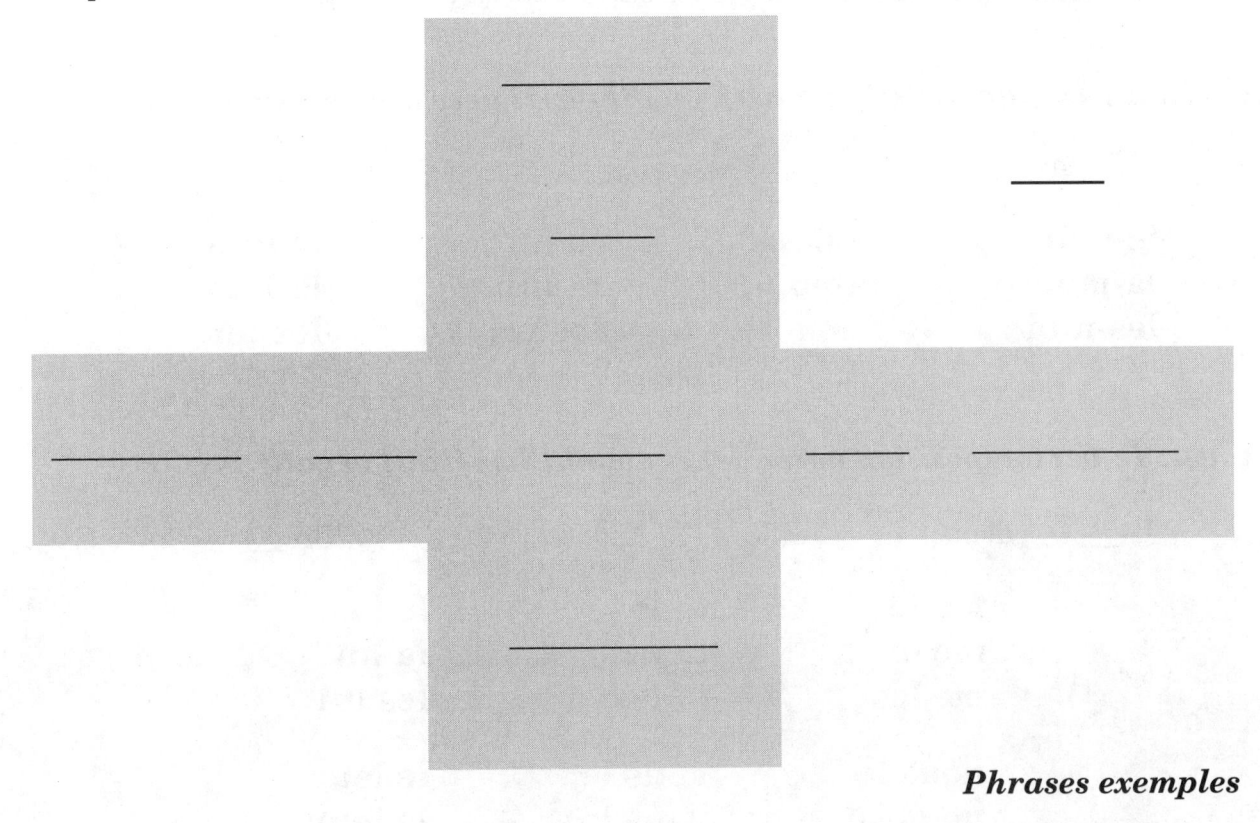

Phrases exemples

Pronoms sujets			vous	on		(Je danse.)
			tu			(Je finis.)
	ils	il	je	elle	elles	(J'attends.)
			nous			

Pronoms objets directs			vous			(Il ___ voit.)
			te			(Il ___ regarde.)
	les	le	me	la	les	(Elle ___ pousse.)
			nous			

Pronoms objects indirects			vous			(Elle ___ parle.)
			te			(Il ___ téléphone.)
	leur	lui	me	lui	leur	(Il ___ écrit.)
			nous			

TACTICS: **1, 2, 3 GO!**   quarante-cinq 45

Deux pronoms objets

2-3

voir pp. 119 & 120

Chaque combinaison de paires de pronoms objets est unique. On ne peut pas utiliser plus de deux pronoms objets ensemble. Dites les variations en alternant.

Après un impératif affirmatif, on dit (écrit avec des traits d'union):

Donne- ___ - ___ .   Passez- ___ - ___ .   Envoie- ___ - ___ . etc.

-le-moi	-le-nous	-le-lui	-le-leur
-la-moi	-la-nous	-la-lui	-la-leur
-les-moi	-les-nous	-les-lui	-les-leur

Avant le verbe (position normale) et avant l'impératif négatif, on dit:

Il ___ ___ donne.   Elle ___ ___ passe.   On ___ ___ envoie.

me le	te le	le lui
me la	te la	la lui
me les	te les	les lui

nous le	vous le	le leur
nous la	vous la	la leur
nous les	vous les	les leur

Ne ___ ___ donne pas.   (*Te* et *vous* ne vont pas avec l'impératif.)   Ne ___ ___ dites pas.

On met toujours les derniers: y en (Des pronoms, il y en a, n'est-ce pas?)

Il ___ ___ voit.   Elle ne ___ ___ envoie pas.   Ils ___ ___ poussent!

m'y   t'y   l'y   nous y   vous y   les y

Il ___ ___ parle.   On ne ___ ___ envoie pas.   Elles ___ ___ donnent.

m'en   t'en   lui en   nous en   vous en   leur en

46 quarante-six   TACTICS: **1, 2, 3 GO!**

Possession – C'est à moi!

Possession: **à** + **pronom**   *Possessions:* **à** + **pronom**

La machine est à moi.   Les machines sont à moi.
Le train est à toi.   **Les trains sont à toi.**
La locomotive est à lui.   Les locomotives sont à lui.
L'éléphant est à elle.   **Les éléphants sont à elle.**
 (On a un objet à soi.   On a ses objets à soi.)
Le numéro est à nous.   **Les numéros sont à nous.**
Le violon est à vous.   Les violons sont à vous.
L'exposition est à eux.   **Les expositions sont à eux.**
L'élément est à elle.   Les éléments sont à elles.

A qui est la machine?
A qui sont les locomotives?
A qui sont les trains?
A qui est l'exposition?
A qui sont les éléments?

A qui est le numéro?
A qui sont les violons?
A qui est la maison?
A qui sont les voitures?
A qui est la lampe?

(m, t, l, e, n, v, e, e)

A qui est   le _____?
            la _____?
            l' _____?

A qui sont les _____?

TACTICS: 1, 2, 3 **GO!**   quarante-sept 47

Adjectifs possessifs – C'est mon livre.

la possession
(exemples)

les adjectifs

le livre
(masculin singulier)

Ils ont <u>leur</u> livre.   Il a <u>son</u> livre.

Vous avez <u>votre</u> livre.   On a <u>son</u> livre.
Tu as <u>ton</u> livre.
J'ai <u>mon</u> livre.   Elle a <u>son</u> livre. Elles ont <u>leur</u> livre.
Nous avons <u>notre</u> livre.

la carte
(féminin singulier)

    leur   sa

votre   sa
ta
ma   sa   leur
notre

les livres
(masculin pluriel)

    leurs   ses

vos   ses
tes
mes   ses   leurs
nos

les cartes
(féminin pluriel)

    leurs   ses

vos   ses
tes
mes   ses   leurs
nos

la possession (?)
   le _____
   la _____
   les _____
   les _____

l'adjectif

_____ _____   _____ _____

les possesseurs

vous   **on**
tu
ils   **il**   **je**   **elle**   **elles**
nous

Pronoms possessifs – C'est le mien.

la possession
(exemples)

les pronoms

le livre
(masculin singulier)

Vous avez <u>le vôtre</u>.   On a <u>le sien</u>.
Tu as <u>le tien</u>.
Ils ont <u>le leur</u>.   Il a <u>le sien</u>.   J'ai <u>le mien</u>.   Elle a <u>le sien</u>. Elles ont <u>le leur</u>.
Nous avons <u>le nôtre</u>.

la carte
(féminin singulier)

                  la vôtre   la sienne
                  la tienne
la leur   la sienne   la mienne   la sienne   la leur
                  la nôtre

les livres
(masculin pluriel)

                  les vôtres   les siens
                  les tiens
les leurs   les siens   les miens   les siens   les leurs
                  les nôtres

les cartes
(féminin pluriel)

                  les vôtres   les siennes
                  les tiennes
les leurs   les siennes   les miennes   les siennes   les leurs
                  les nôtres

---

la possession (?)
    le _____
    la _____
    les _____
    les _____

le pronom

_____   _____
_____
_____   _____   _____
_____

les possesseurs

                      vous   on
                      tu
    ils   il   je   elle   elles
                      nous

TACTICS: **1, 2, 3 GO!**

Pronoms accentués!

Je vais chez moi.
Tu vas chez toi.
Il va chez lui.
Elle va chez elle.
On va chez soi.
Nous allons chez nous.
Vous allez chez vous.
Ils vont chez eux.
Elles vont chez elles.

Je regarde droit devant moi.
Tu regardes droit devant toi.
Il regarde droit devant lui.
Elle regarde droit devant elle.
On regarde droit devant soi.
Nous regardons droit devant nous.
Vous regardez droit devant vous.
Ils regardent droit devant eux.
Elles regardent droit devant elles.

Moi, je ne pense qu'à moi.
Toi, tu ne penses qu'à toi.
Lui, il ne pense qu'à lui.
Elle, elle ne pense qu'à elle.
On ne pense qu'à soi.
Nous, nous ne pensons qu'à nous.
Vous, vous ne pensez qu'à vous.
Eux, ils ne pensent qu'à eux.
Elles, elles ne pense qu'à elles.

I am going to my place.
I am looking straight (ahead) in front of me.
Me, I am only thinking of myself.

Les pronoms accentués! encore!

Moi, je travaille chez moi.
Toi, tu travailles chez toi.
Lui, il travaille chez lui.
Elle, elle travaille chez elle.
On travaille chez soi.
Nous, nous travaillons chez nous.
Vous, vous travaillez chez vous.
Eux, ils travaillent chez eux.
Elles, elle travaillent chez elles.

Moi, je suis content(e) de moi.
Toi, tu es content(e) de toi.
Lui, il est content de lui.
Elle, elle est contente d'elle.
On est content de soi.
Nous, nous sommes content(e)s de nous.
Vous, vous êtes content(e)(s) de vous.
Eux, ils sont contents d'eux.
Elles, elles sont contentes d'elles.

Moi, je fais mon devoir moi-même.
Toi, tu fais ton devoir toi-même.
Lui, il fait son devoir lui-même.
Elle, elle fait son devoir elle-même.
On fait son devoir soi-même.
Nous, nous faisons notre devoir nous-mêmes.
Vous, vous faites votre devoir vous-même(s).
Eux, ils font leur devoir eux-mêmes.
Elles, elles font leur devoir elles-mêmes.

Me, I work at my place.
Me, I am happy (with/about) myself.
Me, I do my homework (by) myself.

TACTICS: **1, 2, 3 GO!**

Questions – les personnes

Forme avec "est-ce"   *Forme courte*   *Forme conversationnelle*

SUJET

(**Alice** arrive. **Le bébé** boit. **Cécile** crie. **Donald** dort. **Eric** étudie.)

Qui est-ce qui arrive?	Qui arrive?	Qui arrive?
Qui est-ce qui boit?	Qui boit?	Qui boit?
Qui est-ce qui crie?	Qui crie?	Qui crie?
Qui est-ce qui dort?	Qui dort?	Qui dort?
Qui est-ce qui étudie?	Qui étudie?	Qui étudie?

OBJET DIRECT

(Il voit **Véronique**. Tu frappes **ton frère**. Elle adore **Alain**. Nous poussons **Paul**. Vous détestez **le dentiste**.)

Qui est-ce qu'il voit?	Qui voit-il?	Il voit qui?
Qui est-ce que tu frappes?	Qui frappes-tu?	Tu frappes qui?
Qui est-ce qu'elle adore?	Qui adore-t-elle?	Elle adore qui?
Qui est-ce que nous poussons?	Qui poussons-nous?	Nous poussons qui?
Qui est-ce que vous détestez?	Qui détestez-vous?	Vous détestez qui?

OBJET D'UNE PREPOSITION

(Il danse **avec Danielle**. Nous parlons **à Paul**. Il le prépare **pour le professeur**. L'enfant mange **devant sa mère**. Tu téléphones **à Thomas**.)

Avec qui est-ce qu'il danse?	Avec qui danse-t-il?	Il danse avec qui?
A qui est-ce que nous parlons?	A qui parlons-nous?	Nous parlons à qui?
Pour qui est-ce qu'il le prépare?	Pour qui le prépare-t-il?	Il le prépare pour qui?
Devant qui est-ce que l'enfant mange?	Devant qui mange-t-elle?	L'enfant mange devant qui?
A qui est-ce que tu téléphones?	A qui téléphones-tu?	Tu téléphones à qui?

Questions – les choses

Forme avec "est-ce" *Forme courte* *Forme conversationelle*

SUJET

(**Un accident** arrive. **Le feu** fume. **La tente** tombe. **Les machines** marchent. **Le coucou** chante.)

Qu'est-ce qui arrive?	Qu'est-ce qui arrive?	Qu'est-ce qui arrive?
Qu'est-ce qui fume?	Qu'est-ce qui fume?	Qu'est-ce qui fume?
Qu'est-ce qui tombe?	Qu'est-ce qui tombe?	Qu'est-ce qui tombe?
Qu'est-ce qui marche?	Qu'est-ce qui marche?	Qu'est-ce qui marche?
Qu'est-ce qui chante?	Qu'est-ce qui chante?	Qu'est-ce qui chante?

OBJET DIRECT

(Tu prends **le pain**. Il lit **le livre**. Vous cherchez **le chat**. Tu bois **ta boisson**. Valérie veut **un violon**.)

Qu'est-ce que tu prends?	Que prends-tu?	Tu prends quoi?
Qu'est-ce qu'il lit?	Que lit-il?	Il lit quoi?
Qu'est-ce que vous cherchez?	Que cherchez-vous?	Vous cherchez quoi?
Qu'est-ce que tu bois?	Que bois-tu?	Tu bois quoi?
Qu'est-ce que Valérie veut?	Que Valérie veut-elle?	Valérie veut quoi?

OBJET D'UNE PREPOSITION

(Tu signes **avec un stylo**. Elle a besoin **de bonbons**. Il copie **avec un crayon**. Il ouvre la boîte **avec un ouvre-boîte**. Nous parlons **de la pâtisserie**.)

Avec quoi est-ce que tu signes?	Avec quoi signes-tu?	Tu signes avec quoi?
De quoi est-ce qu'elle a besoin?	De quoi a-t-elle besoin?	Elle a besoin de quoi?
Avec quoi est-ce qu'il copie?	Avec quoi copie-t-il?	Il copie avec quoi?
Avec quoi est-ce qu'il ouvre la boîte?	Avec quoi ouvre-t-il la boîte?	Il ouvre la boîte avec quoi?
De quoi est-ce que nous parlons?	De quoi parlons-nous?	Nous parlons de quoi?

TACTICS: **1, 2, 3 GO!**

Pronoms – cercles

Deux personnes répètent les pronoms en faisant le tour du "cercle."

Pronom sujet: je tu il elle on nous vous ils elles
Objet direct: me te le la quelqu'un nous vous les les

Je te vois.	Je ne t'aime pas.	**Je te taquine.**
Tu le vois.	**Tu ne l'aimes pas.**	Tu le taquines.
Il la voit.	Il ne l'aime pas.	**Il la taquine.**
Elle voit quelqu'un.	**Elle n'aime pas quelqu'un.**	Elle taquine quelqu'un.
Quelqu'un nous voit.	Quelqu'un ne nous aime pas!	**Quelqu'un nous taquine.**
Nous vous voyons.	**Nous ne vous aimons pas.**	Nous vous taquinons.
Vous les voyez.	Vous ne les aimez pas.	**Vous les taquinez.**
Ils les voient.	**Ils ne les aiment pas.**	Ils les taquinent.
Elles me voient.	Elles ne m'aiment pas.	**Elles me taquinent.**

Pronom sujet: je tu il elle on nous vous ils elles
Objet indirect: me te lui lui quelqu'un nous vous leur leur

Je te téléphone.	Je ne te parle pas.	**Je t'écris.**
Tu lui téléphones.	**Tu ne lui parles pas.**	Tu lui écris.
Il lui téléphone.	Il ne lui parle pas.	**Il lui écrit.**
Elle téléphone à quelqu'un.	**Elle ne parle pas à quelqu'un.**	Elle écrit à quelqu'un.
Quelqu'un nous téléphone.	Quelqu'un ne nous parle pas.	**Quelqu'un nous écrit.**
Nous vous téléphonons.	**Nous ne vous parlons pas.**	Nous vous écrivons.
Vous leur téléphonez.	Vous ne leur parlez pas.	**Vous leur écrivez.**
Ils leur téléphonent.	**Ils ne leur parlent pas.**	Ils leur écrivent.
Elles me téléphonent.	Elles ne me parlent pas.	**Elles m'écrivent.**

Pronom sujet: je tu il elle on nous vous ils elles
Pron. accentué: moi toi lui elle quelqu'un nous vous eux elles

Je pense à toi.	Je me fie à toi.	**Je fais attention à toi.**
Tu penses à lui.	**Tu te fies à lui.**	Tu fais attention à lui.
Il pense à elle.	Il se fie à elle.	**Il fait attention à elle.**
Elle pense à quelqu'un.	**Elle se fie à quelqu'un.**	Elle fait attention à quelqu'un.
Quelqu'un pense à nous.	Quelqu'un se fie à nous.	**Quelqu'un fait attention à nous.**
Nous pensons à vous.	**Nous nous fions à vous.**	Nous faisons attention à vous.
Vous pensez à eux.	Vous vous fiez à eux.	**Vous faites attention à eux.**
Ils pensent à elles.	**Ils se fient à elles.**	Ils font attention à elles.
Elles pensent à moi.	Elles se fient à moi.	**Elles font attention à moi.**

(*I think of you.*) (*I trust you.*) (*I pay attention to you.*)

il est, elle est, ils sont, elles sont

Pour présenter un adjectif – utiliser il/elle // ils/elles + être.

Il est intelligent.   *Elle est élégante.*
Ils sont irrésistibles.   *Elles sont éduquées.*

La religion, la nationalité et la profession (en un seul mot) sont considérés adjectifs.
*(C'est... avec **un nom**: C'est un Catholique. C'est un Français. C'est un professeur.)*

il est (ils sont)	elle est (elles sont)	il est (ils sont)	elle est (elles sont)	il est (ils sont)	elle est (elles sont)
catholique	catholique	américain	américaine	boulanger	boulangère
protestant	protestante	français	française	fermier	fermière
juif	juive	italien	italienne	mécanicien	mécanicienne
bouddhiste	bouddhiste	chinois	chinoise	boucher	bouchère
baptiste	baptiste	suisse	suisse	acteur	actrice
musulman	musulmane	anglais	anglaise	avocat	avocate
luthérien	luthérienne	canadien	canadienne	médecin	médecin
_____	_____	indien	indienne	professeur	professeur
		japonais	japonaise	épicier	épicière
		russe	russe	artiste	artiste
		espagnol	espagnole	pharmacien	pharmacienne

La <u>présentation</u> d'un adjectif + idée: <u>Référence</u> à une idée (à faire):

Conversation

Il est facile de dire "bonjour." Bonjour!	–C'est facile à dire.
Il n'est pas facile de parler français.	–Non, ce n'est pas facile à faire.
Il est facile de prendre le métro.	–Oui, c'est facile à faire.
Il est impossible de boire la mer.	–Oui, c'est impossible à faire.
Il est facile de faire le devoir.	–Oui, c'est facile à faire.
Il est facile de comprendre la chimie.	_____
Il est difficile de comprendre le professeur.	_____
Il est difficile_____	_____
Il est facile _____	_____

Attention: la présentation de <u>l'heure</u> (du matin, de l'après-midi, du soir)

<u>Il est</u> une heure.(1h00)   **<u>Il est</u> deux heures.(2h00)**   <u>Il est</u> trois heures.(3h00)...

TACTICS: **1, 2, 3 GO!**   cinquante-cinq 55

C'est...

Pour présenter un nom, un pronom, un superlatif, une date, une idée – utiliser ce + être.

Ce sont des noms	Ce sont des pronoms.	Ce sont des objets.
C'est Toinette.	**C'est toi.**	**C'est une tour.**
C'est Louis.	C'est lui.	C'est une lampe.
C'est Elise.	**C'est elle.**	**Ce sont des éléphants.**
C'est Nathalie.	C'est nous.	C'est la navigation.
C'est Victor.	**C'est vous.**	**C'est une victime.**
C'est Edouard	Ce sont eux.	Ce sont des éléments.
C'est Elisabeth	**Ce sont elles.**	**C'est une élection.**
C'est Marie.	C'est moi.	C'est un monument.

Ce sont des dates.	**Ce sont des superlatifs.**	Ce sont des professions.
C'est le premier janvier.	C'est le plus jeune.	C'est un joueur.
C'est le deux février.	**C'est la plus faible.**	**C'est une fermière.**
C'est le trois mars.	Ce sont les plus malades.	Ce sont des mécaniciens.
C'est le quatre avril.	**Ce sont les plus amusantes.**	**Ce sont des avocats.**
C'est le cinq mai.	C'est le plus mince.	C'est un médecin.
C'est le six juin.	**C'est la plus joyeuse.**	**C'est un juge.**
C'est le sept juillet.	Ce sont les plus jeunes.	Ce sont des jumeaux.
C'est le huit août.	**Ce sont les plus aimables.**	**Ce sont des acteurs.**
C'est le neuf septembre.	C'est le plus simple.	C'est un sénateur.
C'est le dix octobre.	**C'est la plus originale.**	**C'est une organiste.**
C'est le onze novembre.	Ce sont les plus nouveaux.	Ce sont des nonnes.

Ce sont des pronoms possessifs.	Ce sont des pronoms démonstratifs.	Ce sont des idées.
C'est le mien.	C'est celui-là.	C'est exact!
Ce sont les nôtres.	**Ce sont ceux de Paul.**	**C'est bizarre!**
C'est la tienne.	C'est celui de ma mère.	C'est invraisemblable!
Ce sont les tiens.	**C'est celle de papa.**	**Ce n'est pas juste!**
C'est le sien.	Ce sont celles-ci.	C'est inimaginable!
Ce sont les leurs.	**C'est celui qui parle.**	**C'est impensable!**
Ce sont les miens.	Ce sont ceux-là.	C'est incroyable!
C'est la vôtre.	**C'est celle-ci.**	**(mais) C'est vrai!**

C'est facile à faire, n'est-ce pas?

c'est ou il est

*Faites une phrase complète en utilisant les bons mots au commencement.
Un élève choisit un mot sur cette page; un autre élève dit la phrase complète.*

c'est / ce sont		il est / elle est / ils sont / elles sont	
un ami	des amis	petit	amicaux
le mien	**eux**	**chinoise**	**généreuses**
le trois mars	les bonnes dates	française	curieux
inimaginable	**celui-ci**	**professeur**	**généraux**
un médecin	elles	catholique	artistes
un idiot	**le quatre mai**	**trois heures**	**fatigué**
une femme	les miens	anglais	juives
le plus beau	**les plus belles**	**une heure**	**actrice**
Elisabeth	des jumeaux	médecin	bouchères
incroyable	**les leurs**	**protestant**	**russe**
une victime	des professionnels	épicier	canadienne
un mécanicien	**des chaises**	**sculpteur**	**pharmacienne**
moi	les tiens	intelligents	petite
ceux de Paul	**les plus forts**	**avocat**	**vieille**
la vôtre	des joueurs	intéressant	musulmanes
vous	**celles qui paient**	**japonais**	**chauffeurs**
facile à faire	invraisemblable	facile de le faire	mères
nous	**difficile à comprendre**	**bon de le dire**	**journalistes**
toi	un mécanicien	mécanicien	folle
_____	_____	_____	_____
_____	_____	_____	_____

TACTICS: **1, 2, 3 GO!**

Pronoms relatifs – qui et que

Le pronom relatif est utlisé pour combiner deux phrases avec un élément identique.

Le pronom est _sujet_.

Voici le monsieur.
    Le monsieur mange.
le monsieur qui mange
le bébé qui boit
les parents qui parlent
les femmes qui fument
la dame qui dort
les étudiants qui étudient
les garçons qui grandissent
la tante qui tombe
les cousins qui causent

Voici l'avion.
    L'avion arrive.
l'avion qui arrive
la table qui tombe
les machines qui marchent
l'éléphant qui est élégant
le feu qui fume
la balle qui bondit
les glaçons qui glissent
la vache qui vole
le cheval qui chante

Le pronom est _l'objet direct du verbe_.

Voici l'acteur.
    J'aime l'acteur.
l'acteur que j'aime
le bébé que je berce
les parents que je pousse
les élèves que j'écoute
le voisin que je vois
le chanteur que je cherche
l'avocat que j'admire
les individus que j'invite
le danseur que je déteste

Voici l'activité.
    J'adore l'activité.
l'activité que j'adore
la baguette que je brise
le carton que je couvre
le dessin que je décris
les éléments que j'étudie
les carottes que je coupe
les mangues que je mange
la boisson que je bois
le jouet que je jette

Le pronom (une personne) est _l'objet d'une préposition_.

Voici un acteur.
    Je joue avec l'acteur.
l'acteur avec qui j'étudie
l'homme à qui je parle
la jeune fille à qui je pense
les professeurs pour qui je travaille
la soeur sans qui je sors
la dame avec qui je chante
le garçon près de qui je m'assieds
l'étudiant à côté de qui je travaille
les enfants avec qui je joue

Exercices:
Lire les fragments
    de phrase.
Dites le commencement
    (ou la fin) d'un fragment
et un autre éléve
complète le fragment.

Pronoms relatifs – lequel

"Lequel" représente une chose; son rôle grammatical est l'objet d'une préposition.
ATTENTION aux formes   (à)   (de)
   lequel / laquelle   auquel / à laquelle   duquel / de laquelle
   lesquels / lesquelles   auxquels / auxquelles   desquels / desquelles

Les outils   *tools*

Voici le tire-bouchon avec lequel je tire le bouchon.   *cork screw*
Voici l'ouvre-boîte avec lequel j'ouvre les boîtes.   *can opener*
Voici le porte-monnaie dans lequel je porte ma monnaie.   *change purse*
Voici le descente-lit sur lequel je descends du lit.   *bedside rug*
Voici le tourne-vis avec lequel je tourne les vis.   *screwdriver*

La construction

Voilà le marteau avec lequel j'enfonce les clous.   *hammer / nails*
Voilà la scie avec laquelle je coupe les planches.   *saw / boards*
Voilà les clous avec lesquels j'attache les planches.   *nails / boards*
Voilà les planches avec lesquelles j'ai construit la maison.   *boards / house*
Voilà la maison dans laquelle j'habite maintenant.

La communication

Il y a un message auquel j'ai répondu.
Il y a une communication à laquelle j'ai répondu.
Il y a des lettres auxquelles j'ai répondu.
Il y a des fax auxquels j'ai répondu.
Il y a une carte à laquelle j'ai répondu.

Le jardin – en cercle – à dessiner

Voici un arbre à côté duquel il y a une plante.
Voici une plante à côté de laquelle il y a des buissons.
Voici des buissons à côté desquels il y a des fleurs.
Voici des fleurs à côté desquelles il y a une fontaine.
Voici une fontaine à côté de laquelle il y a un arbre

Exercice:

	le numéro	la lettre	les points	les voyelles	le symbole
	3	B	...	a,e,i,o,u	+

à côté de   près de   Il y a un numéro près duquel il y a une lettre.
à droite de   non loin de   Il y a une lettre à droite de laquelle il y a des points.
à gauche de   etc.

TACTICS: **1, 2, 3 GO!**

Pronoms relatifs – où et dont

Les pronoms relatifs sont compliqués, alors il a deux raccourcis (moyens plus courts).

plus long, correcte, plus difficile, rare　　　*plus court, correcte, simple, commun*

pour exprimer le placement

(préposition) + **lequel**　　　　　　　　　　　　**où**

Voici le cahier dans lequel il écrit.　　　　　Voici le cahier où il écrit.
Voici la salle dans laquelle il travaille. 　　Voici la salle où il travaille.
Voici les îles parmi lesquelles elle voyage. 　Voici les îles où elle voyage.
Voici la maison dans laquelle je suis né. 　　Voici la maison où je suis né(e).
Voici les livres dans lesquels on compose. 　Voici les livre où on compose.
Voici le salon dans lequel nous bavardons. 　Voici le salon où nous bavardons.
Voici le terrain sur lequel nous jouons. 　　Voici le terrain où nous jouons.

Voilà les pays dans lesquels j'ai voyagé. 　　Voilà les pays où j'ai voyagé.
Voilà l'église dans laquelle elle s'est mariée. Voilà l'église où elle s'est mariée.
Voilà le théâtre auquel il a vu la pièce. 　　Voilà le théâtre où il a vu la pièce.
Voilà un poème dans lequel elle se répète. 　Voilà un poème où elle se répète.
Voilà la table sur laquelle on a signé. 　　Voilà la table où on a signé.
Voilà les tiroirs dans lesquels on les a mis. 　Voilà les tiroirs où on les a mis.
Voilà le temple dans lequel ils prient. 　　Voilà le temple où ils prient.

avec "de"

de + lequel / de + qui / de + quoi　　　　　　**dont**

Voici la dame de qui je parle. 　　　　　　　Voici la dame dont je parle.
Voici la fourchette de laquelle je me sers. 　Voici la fourchette dont je me sers.
Voici l'argent duquel tu as besoin. 　　　　　Voici l'argent dont tu as besoin.
Voici les animaux desquels nous avons peur. Voici les animaux dont nous avons peur.
Voici les lettres desquelles on parle. 　　　Voici les lettres dont on parle.
Voici (ce) de quoi nous avons besoin. 　　　Voici ce dont nous avons besoin.
Voici la clarinette de laquelle il joue. 　　Voici la clarinette dont il joue.

Voilà la plume de laquelle il s'est servi. 　Voilà la plume dont il s'est servi.
Voilà le monsieur de qui le fils est mort. 　Voilà le monsieur dont le fils est mort.
Voilà (ce) de quoi vous avez peur. 　　　　　Voilà ce dont vous avez peur.
Voilà les parents de qui les enfants rient. 　Voilà les parent dont les enfants rient.
Voilà tout ce de quoi on aura besoin. 　　　Voilà tout ce dont on aura besoin.
Voilà un article duquel il a une opinion. 　Voilà un article dont il a une opinion.
Voilà un exercice duquel nous savons tout. 　Voilà un exercice dont nous savons tout.

Exercice: *Avec la phrase simple (à droite) trouvez la phrase compliquée (à gauche).*

Pronoms relatifs – ce qui, ce que, à quoi

"Ce qui" (sujet d'un verbe) veut dire généralement "that which(/what)."
"Ce que" (object direct d'un verbe) veut dire aussi "that which(/what)."
"(Ce) à quoi, (ce) de quoi veut dire "to, about which" and "of, from which."

(translation exercise)

ce qui (sujet)

Je sais ce qui est important pour toi.	*what is important*
Je sais ce qui te fait peur.	*what frightens you*
Je sais ce qui te blesse.	*what hurts you*
Je sais ce qui a de la valeur pour toi.	*what has value for you*
Je sais ce qui te fait mal.	*what harms you*
Je sais ce qui te rend triste.	*what makes you sad*
Je sais ce qui t'influence.	*what influences you*

ce que (objet direct)

Je sais ce que tu fais.	*what you're doing*
Je sais ce que tu manges.	*what you eat*
Je sais ce que tu sais.	*what you know*
Je sais ce que tu penses.	*what you think*
Je sais ce que tu veux.	*what you want*
Je sais ce que tu es.	*what you are*
Je sais ce que tu as.	*what you have*

(ce) à quoi (objet d'une préposition)

Je sais à quoi tu penses.	*what you're thinking about*
Je sais de quoi tu parles.	*what you're talking about*
Je sais de quoi tu as besoin.	*what you have need of*
Je sais à quoi tu fais allusion.	*what you're referring to*
Je sais de quoi tu as peur.	*what you're afraid of*
Je sais pour quoi tu travailles.	*what you're working for*
Je sais avec quoi tu écris.	*what you're writing with*

Cercles et révision de pronoms: Je sais ce qui est important pour toi. **Tu sais ce qui est important pour lui.** Il sait ce qui est important pour elle. **Elle sait ce qui est important pour quelqu'un.** Quelqu'un sait... (Quelqu'un parce que "on" est seulement un pronom sujet.) ce qui est important pour nous. **Nous savons... etc.** (Voir p. 54)

Les cercles:

sujet	je	tu	il	elle	on (/quelqu'un)	nous	vous	ils	elles
objet direct	me	te	le	la	quelqu'un	nous	vous	les	les
objet indirect	me	te	lui	lui	quelqu'un	nous	vous	leur	leur
objet d'une préposition	moi	toi	lui	elle	quelqu'un	nous	vous	eux	elles

TACTICS: **1, 2, 3 GO!**

celui-ci

1-2

this one, that one, these and those

masculin   féminin

celui	**celle**	*singulier*
ceux	**celles**	*pluriel*

"Celui" a combien de lettres?
Quel est le pluriel de "celui?"
Quel est le féminin de "celui?"
Combien de lettres a "celle?" et "celles?"
Quel est le singulier de "ceux?"
Quel est le féminin de "ceux?"
Combien de lettres a "ceux?"

---

celui-ci	**celle-ci**	**celui-là**	**celle-là**
(this one)	*(this one)*	*(that one)*	*(that one)*
ceux-ci	**celles-ci**	**ceux-là**	**celles-là**
(these)	*(these)*	*(those)*	*(those)*

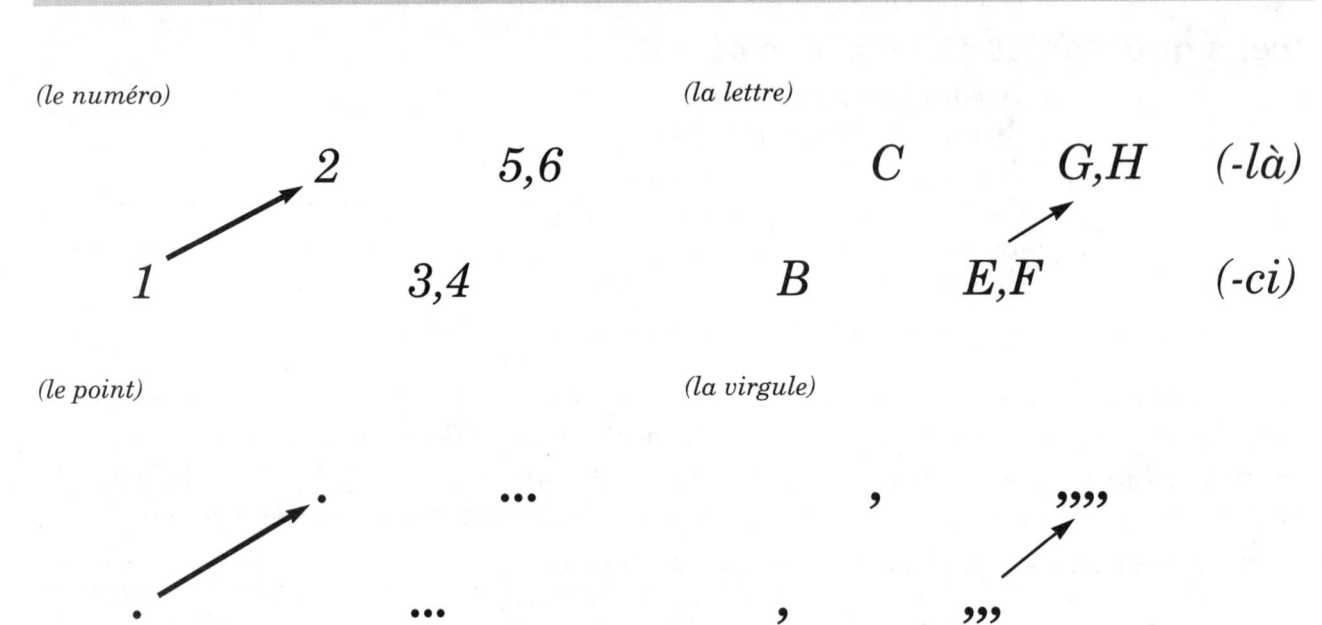

(le numéro)   *(la lettre)*

       2   5,6   C   G,H   *(-là)*

1   3,4   B   E,F   *(-ci)*

(le point)   *(la virgule)*

      •   ...   ,   ''''

•   ...   ,   '''

Touchez... et identifiez avec celui-ci ... etc.

62 soixante-deux   TACTICS: **1, 2, 3 GO!**

celui-ci et celui-là

Touchez et parlez

(le numéro) m.s. (big)

Celui au centre est grand.
Celui-ci est plus grand que celui-là.
Celui-là est moins grand que celui-ci.
Est-ce que celui-là est aussi grand que celui-ci?
Non, celui-là n'est pas si grand que celui-ci.
Celui-ci est le plus grand des numéros.
Celui-là est le moins grand des numéros.

(la lettre) f.s. (little)

Celle au centre est petite.
Celle-ci est plus petite que celle-là.
Celle-là est moins petite que celle-ci.
Est-ce que celle-ci est aussi petite que celle-là?
Non, celle-ci n'est pas si petite que celle-là.
Celle-ci est la plus petite des lettres.
Celle-là est la moins petite des lettres.

(les rectangles) m.pl (wide).

Ceux au centre sont larges.
Ceux-ci sont plus larges que ceux-là.
Ceux-là sont moins larges que ceux-ci.
Est-ce que ceux-ci sont aussi larges que ceux-là?
Non, ceux-ci ne sont pas si larges que ceux-là.
Ceux-ci sont les plus larges des rectangles.
Ceux-là sont les moins larges des rectangles.

(les lignes) f.pl.(thin)

Celles au centre sont minces.
Celles-ci sont plus minces que celles-là.
Celles-là sont moins minces que celles-ci.
Est-ce que celles-là sont aussi minces que celles-ci?
Non, celles-là ne sont pas si minces que celles-ci.
Celles-ci sont les plus minces des lignes.
Celles-là sont les moins minces des lignes.

TACTICS: **1, 2, 3 GO!** soixante-trois 63

Lequel? – Celui-ci.

lequel /laquelle   (which one(s)?) (this one/these)
lesquels / lesquelles

Touchez et parlez.

(le point) m.s. (big)
    Lequel est grand?
    Lequel est plus grand que celui-là?
    Lequel est moins grand que celui-ci?
    Lequel n'est pas si grand que celui-là?
    Lequel n'est pas si grand que celui-ci?
    Lequel est le plus grand de tous?
    Lequel est le moins grand de tous?

(la flèche) f.s. (long)
    Laquelle est longue?
    Laquelle est plus longue que celle-là?
    Laquelle est moins longue que celle-ci?
    Laquelle n'est pas si longue que celle-là?
    Laquelle n'est pas si longue que celle-ci?
    Laquelle est la plus longue de toutes?
    Laquelle est la moins longue de toutes?

(les cercles) m.pl.(little)
    Lesquels sont petits?
    Lesquels sont plus petits que ceux-là?
    Lesquels sont moins petits que ceux-ci?
    Lesquels ne sont pas si petits que ceux-là?
    Lesquels ne sont pas si petits que ceux-ci?
    Lesquels sont les plus petits de tous?
    Lesquels sont les moins petits de tous?

(les lignes) f.pl. (short)
    Lesquelles sont courtes?
    Lesquelles sont plus courtes que celles-là?
    Lesquelles sont moins courtes que celles-ci?
    Lesquelles ne sont pas si courtes que celles-là?
    Lesquelles ne sont pas si courtes que celles-ci?
    Lesquelles sont les plus courtes des lignes?
    Lesquelles sont les moins courtes des lignes?

TACTICS: 1, 2, 3 GO!

de / à "from(the) to (the)"

de(d') / à	du / au	de la / à la	de l' / à l'	des / aux
Paris	théâtre	pâtisserie	appartement	montagnes
Atlanta	cinéma	plage	école	grandes villes
New York	café	campagne	immeuble	villages
Rennes	jardin	pharmacie	usine	îles
Monte Carlo	bureau	ville	endroit	écoles

Allons _____.   Je vais aller _____.   Je voyage _____.

de(d') / à	du / au	de la / à la	de l' / à l'	des / aux
Philippe	professeur	mère	agent	parents
Hélène	monsieur	dame	oncle	enfants
Henri	père	fille	ami	grands-parents
Marie	garçon	tante	étudiant	amis
Alain	cousin	cousine	enfant	étudiants

Voici un message _____.   Il y a un cadeau _____.   Voilà la lettre _____.

"A la maison"

Dans la maison
on peut passer
<u>du salon</u>
   <u>à la cuisine</u>.

salon	cuisine	office	toilettes
grenier	cave	atelier	jardins
garage	salle de bains		
rez-de-chaussée	chambre à coucher		
cabinet de travail	salle à manger		
foyer	salle de séjour		
parc	bibliothèque		

TACTICS: **1, 2, 3 GO!**   soixante-cinq 65

Prépositions/géographie "to(in) / from"

1-2

Nous voyagerons____. Je vais aller ____. Le voyage continue____.

en   de
(pays féminins)

France	Belgique	Allemagne
Italie	Chine	Australie
Suisse	Espagne	Angleterre
Egypte	Irlande	Pologne
Arabie	Grèce	Bolivie

au   du
(pays masculins)

Portugal	Maroc	Gabon
Brésil	Mexique	Luxembourg
Canada	Pérou	Japon
Panama	Mali	Paraguay
Monaco	Danemark	Togo

en   d'
(continents)

Asie
Europe
Australie
Amérique
Afrique

au/à la   du/de la
*(**ces** villes avec le/la)*

Le Havre
Le Caire
La Haye
La Rochelle
Le Puy

aux   des
(pays "pluriels")

Etats-Unis
Bermudes
Antilles
Phillipines
Pays-Bas

à   de(d')
(villes)

Rome	Paris	New York
Londres	Berlin	Moscou
Chicago	Nice	Pékin

en   de(d')
(provinces françaises)

Alsace	Provence	Bretagne
Auvergne	Normandie	Picardie
Guyenne	Flandre	Champagne

dans le   du (de l')
(régions spécifiques)

le sud de la France
le nord de l'Afrique
l'ouest des Etats-Unis
l'est de l'Australie
le centre de la France
le sud-est de l'Arabie
l'ouest de la Chine

dans l'état de   de l'état de
(états des E-U)
*(aussi: dans le Texas **m.**, en Virginie **f.**)*

Michigan	Ohio	Montana
Colorado	Iowa	Massachusetts
Texas	Utah	Connecticut
California	Vermont	Mississippi
Virginia	Arizona	Washington

TACTICS: 1, 2, 3 GO!

Prépositions

Les prépositions expriment les relations entre les objets et les personnes.
(prépositions simples)

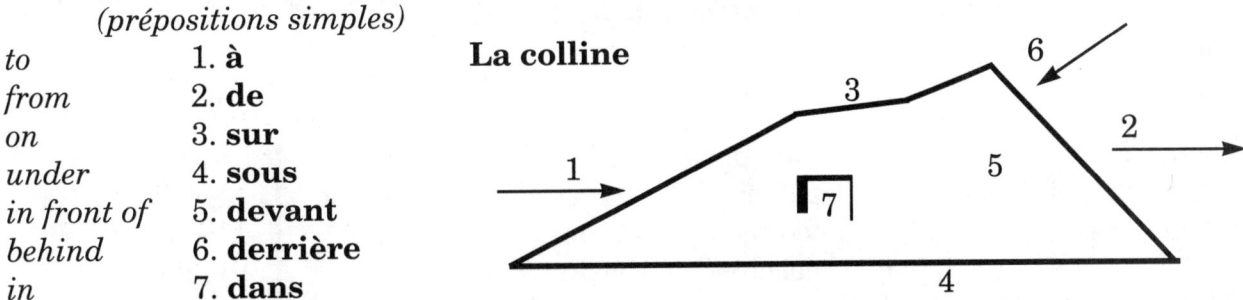

to	1. **à**	**La colline**
from	2. **de**	
on	3. **sur**	
under	4. **sous**	
in front of	5. **devant**	
behind	6. **derrière**	
in	7. **dans**	

(prépositions composées)

La montagne

to the left of	8. **à gauche de**
to the right of	9. **à droite de**
at the summit of	10. **au sommet de**
at the foot of	11. **au pied de**
near (to)	12. **près de**
far (from)	13. **loin de**
above	14. **au-dessus de**
below	15. **au-dessous de**
beyond	16. **au delà de**

(encore!) Exercice: *On donne l'objet et un autre trouve la préposition et vice versa.*

at the top of	**en haut de** (la page)	against	**contre** (l'ennemi)
at the bottom of	**en bas de** (la page)	out of	**hors de** (danger)
at the bottom of	**au fond de** (la vallée)	beside	**à côté de** (moi)
near, by	**auprès de** (moi)	at the end of	**au bout de** (la rue)
inside	**à l'intérieur de** (la maison)	between	**entre** (les pages)
outside	**à l'extérieur de** (la maison)	among	**parmi** (les spectateurs)
opposite	**en face de** (la maison)	by (means)	**par** (avion)
until	**jusqu'à** (trois heures)	along	**le long de** (la rue)
at the home of	**chez** (moi)	in	**en** (danger)
at the corner of	**au coin de** (la rue)	before	**avant** (la classe)
in the middle of	**au milieu de** (la classe)	after	**après** (la classe)
in the middle of	**au centre de** (la rue) *place only*	during	**pendant** (la classe)
from then on	**dès** (le commencement)	around	**autour de** (la table)
since	**depuis** (le commencement)	around	**vers** (trois heures)
at the end of	**à la fin de** (la classe)	for	**pour** (vous)

TACTICS: **1, 2, 3 GO!**

jouer à / jouer de / faire de

*On joue **à** un jeu ou **à** un sport.   On joue **d'**un instrument musical.
On fait une activité (ou un sport) en utilisant "**de**."*

On joue

à	au (à l')			à la (à l')		aux
cache-cache	loto	ping pong	billard	balle		charades
saute-mouton	ballon	poker	lacrosse	pétanque		devinettes
colin-maillard	volley	football	tennis	marelle		dominos
	Monopoly	baseball	basket	corde		boules
	Candyland	flipper	trictrac	roulette		échecs
	Pictionary	baby-foot	squatch	————		dames
	football américain		————			cartes
	hockey sur glace					dés
	hockey sur gazon					mots croisés

On fait

du (de l')	de la (de l')
ski (alpin/nordique)	lutte
aviron	danse
cross	voile
football	escrime

On joue

du (de l')			de la (de l')		des
orgue	hautbois	gong	clarinette	musette	cymbales
accordéon	cor	basson	trompette	cornemuse	castagnettes
biniou	xylophone	tuba	harpe	viole	orgues
violoncelle	piano	clairon	flûte	batterie	
violon	saxophone	fifre	contrebasse		
piccolo	triangle	trombone	guitare		
tambour					

hide and seek, leap frog, blind man's bluff; loto, ball, volleyball, Monopoly, Candyland, Pictionary, football, ice hockey, field hockey; ping-pong, poker, football, baseball, pinball, fussball; billiards, lacrosse, tennis, basketball, backgammon, squash; ball, bowling, hop-scotch, jump-rope, roulette; charades, riddles, dominos, bowling, chess, checkers, cards, dice, crosswords.

ski (alpine/cross country), crew, cross-country, football; wrestling, dancing, sailing, fencing

organ, accordion, bagpipes, cello, violin, piccolo, drum, oboe, horn, xylophone, piano, saxophone triangle; gong, bassoon, tuba, hunting horn, fife, trombone; clarinette, trumpet, harp, flute, bass, guitar; bagpipe, bagpipes, viola, percussion; cymbals, castagnettes, organ (!)

TACTICS: 1, 2, 3 GO!

Verbe + préposition + infinitif

Certaines verbes demandent une préposition pour présenter un infinitif.

Ces verbes demandent	(Il n'y a pas de préposition après ces verbes)	Ces verbes demandent
à		**de**
	Exemples	
à arranger les fleurs	travailler rapidement	de descendre
aider	aimer	avoir peur
s'amuser	aller	choisir
apprendre	compter	décider
avoir	désirer	demander (à qq'un)
commencer	devoir	dire (à qq'un)
se décider	espérer	essayer
hésiter	penser	finir
inviter (qq'un)	pouvoir	oublier
se mettre à	préférer	promettre
réussir	savoir	refuser
continuer*	vouloir	continuer*
_____	_____	_____
verbe + **à** + infinitif	verbe + infinitif	verbe + **de** + infinitif

Exercices: Répéter les exemples dans une colonne.
Faites des phrases avec les verbes ci-dessus ↑ et un infinitif ci-dessous. ↓

comprendre	chanter
travailler	parler français
le faire	voyager
participer	conduire
le croire	manger beaucoup

TACTICS: 1, 2, 3 GO!

Préposition + verbe

Modèles à lire et à relire

à danser	après avoir dansé	en dansant
pour finir	**après avoir fini**	**en finissant**
de parler	après avoir parlé	en parlant
à arriver	**après être arrivé_**	**en arrivant**
sans se laver	après s'être lavé_	en se lavant
avant de partir	**après être parti_**	**en partant**
sans savoir	après avoir su	en sachant*
pour avoir	**après avoir eu**	**en ayant***
sans être	après avoir été	en étant*

(_ change selon la personne)   (* formation irrégulière)

Une préposition demande **l'infinitif**.
(to dance, in order to finish, without being...)

La préposition "après" demande **l'infinitif passé**.
(l'auxiliaire de l'infinitif + le participe passé)
(after having danced)

La préposition "en" demande **le participe présent**.
(présent: nous ___-ons
participe: nous ___-ant)
(while or by dancing)

Prépositions: pour de à sans avant de après en
Verbes: finir parler arriver danser se laver partir avoir être savoir
Exercice: *Commencer par une paire "automatique", puis changez un côté (ou le verbe ou la préposition) pour former une nouvelle paire "automatique."*
"pour finir" **de** de finir **partir** de partir **en** en partant *etc.*

Exercice: *Combiner un verbe avec toutes les prépositions suivantes:*

pour	de	à	sans	avant de	après	en
en	à	de	pour	après	sans	avant de
de	pour	en	avant de	sans	à	après
à	sans	après	de	en	avant de	pour
après	sans	en	pour	avant de	de	à
avant de	en	à	sans	après	pour	de
sans	après	avant de	de	à	pour	en

TACTICS: **1, 2, 3 GO!**

Poésie à mémoriser

Chanson

Quel jour sommes-nous
Nous sommes tous les jours
Mon amie
Nous sommes toute la vie
Mon amour
Nous nous aimons et nous vivons
Nous vivons et nous nous aimons
Et nous ne savons pas ce que c'est que la vie
Et nous ne savons pas ce que c'est que le jour
Et nous ne savons pas ce que c'est que l'amour.

Jacques Prévert 1900-1977

Qui est l'auteur du poème?
Combien de vers a le poème?
A qui le poète s'adresse-t-il?
Quelle est la question posée au commencement du poème?
Quelle est la réponse "poétique" à la question?
Quelle est la réponse ordinaire?
Que répond le poète à "Qu'est-ce que c'est que la vie?"
Que dit-il à la question, "Qu'est-ce que c'est que le jour?"
Quelle est sa réponse à "Qu'est-ce que c'est que l'amour?"
Quelles sont tes réponses personnelles à ces trois questions?

Aujourd'hui, quel jour sommes-nous?
Quelles sont les deux réponses du poète à cette question?
Pourquoi aimes-tu — ou n'aimes-tu pas — ce poème?
Donnez une définition poétique pour dire ce que c'est que la vie.
Donnez une définition ordinaire de ce que c'est que le jour.
Donnez une définition personnelle de ce que c'est que l'amour.
Est-ce que tu sais par coeur "Chanson?"

What day are we / we are every day / my friend / we are all of life / my love / we love and we live / we live and we love / **and we don't know** *what life is / ... what the day is / ...what love is.*

TACTICS: **1, 2, 3 GO!**

La conjugaison du verbe

je parle
tu parles
il parle
elle parle
on parle
nous parlons
vous parlez
ils parlent
elles parlent

je finis
tu finis
il finit
elle finit
on finit
nous finissons
vous finissez
ils finissent
elles finissent

je vends
tu vends
il vend
elle vend
on vend
nous vendons
vous vendez
ils vendent
elles vendent

Les verbes réguliers au présent

1 "-er"

je parle	je ne parle pas	est-ce que je parle?	est-ce que je ne parle pas?
tu parles	tu ne parles pas	parles-tu?	ne parles-tu pas?
il parle	il ne parle pas	parle-t-il?	ne parle-t-il pas?
elle parle	elle ne parle pas	parle-t-elle?	ne parle-t-elle pas?
on parle	on ne parle pas	parle-t-on?	ne parle-t-on pas?
nous parlons	nous ne parlons pas	parlons-nous?	ne parlons-nous pas?
vous parlez	vous ne parlez pas	parlez-vous?	ne parlez-vous pas?
ils parlent	ils ne parlent pas	parlent-ils?	ne parlent-ils pas?
elles parlent	elles ne parlent pas	parlent-elles?	ne parlent-elles pas?

2 "-ir"

je finis	je ne finis pas	est-ce que je finis?	est-ce que je ne finis pas?
tu finis	tu ne finis pas	finis-tu?	ne finis-tu pas?
il finit	il ne finit pas	finit-il?	ne finit-il pas?
elle finit	elle ne finit pas	finit-elle?	ne finit-elle pas?
on finit	on ne finit pas	finit-on?	ne finit-on pas?
nous finissons	nous ne finissons pas	finissons-nous?	ne finissons-nous pas?
vous finissez	vous ne finissez pas	finissez-vous?	ne finissez-vous pas?
ils finissent	ils ne finissent pas	finissent-ils?	ne finissent-ils pas?
elles finissent	elles ne finissent pas	finissent-elles?	ne finissent-elles pas?

3 "-re"

je vends	je ne vends pas	est-ce que je vends?	est-ce que je ne vends pas?
tu vends	tu ne vends pas	vends-tu?	ne vends-tu pas?
il vend	il ne vend pas	vend-il?	ne vend-il pas?
elle vend	elle ne vend pas	vend-elle?	ne vend-elle pas?
on vend	on ne vend pas	vend-on?	ne vend-on pas?
nous vendons	nous ne vendons pas	vendons-nous?	ne vendons-nous pas?
vous vendez	vous ne vendez pas	vendez-vous?	ne vendez-vous pas?
ils vendent	ils ne vendent pas	vendent-ils?	ne vendent-ils pas?
elles vendent	elles ne vendent pas	vendent-elles?	ne vendent-elles pas?

affirmatif   *négatif*   *interrogatif*   *négatif-interrogatif*

1. -er   aimer, bavarder, cacher, danser, étudier, fumer, gratter, huer, jouer, *etc.*
2. -ir   finir, choisir, rougir, grandir, blanchir, verdir, jaunir, *etc.*
3. -re   vendre, attendre, rendre, revendre, descendre, *etc.*

TACTICS: **1, 2, 3 GO!**

Les impératifs

	(tu) singulier familier Eh! toi!	**(nous)** pluriel _____ et moi Euhh... (une suggestion)	**(vous)** pluriel singulier formel S'il vous plaît!	
Infinitif - verbes réguliers				"conclusion" "association"
parler	**parle**	**parlons**	**parlez**	français
finir	**finis**	**finissons**	**finissez**	le travail
attendre	**attends**	**attendons**	**attendez**	le train

Infinitif - verbes irréguliers

	(tu)	**(nous)**	**(vous)**	
aller	**va**	**allons**	**allez**	en vacances
avoir	**aie**	**ayons**	**ayez**	de la patience
connaître	**connais**	**connaissons**	**connaissez**	les amis
dire	**dis**	**disons**	**dites**	la vérité
devoir	**dois**	**devons**	**devez**	l'argent
écrire	**écris**	**écrivons**	**écrivez**	la lettre
être	**sois**	**soyons**	**soyez**	raisonnable(s)
faire	**fais**	**faisons**	**faites**	le devoir
lire	**lis**	**lisons**	**lisez**	le livre
prendre	**prends**	**prenons**	**prenez**	le métro
savoir	**sache**	**sachons**	**sachez**	les impératifs
mettre	**mets**	**mettons**	**mettez**	la table
offrir	**offre**	**offrons**	**offrez**	des fleurs
ouvrir	**ouvre**	**ouvrons**	**ouvrez**	la fenêtre
partir	**pars**	**partons**	**partez**	d'ici
pouvoir	*(peux)?*	*(pouvons)?*	*(pouvez)?*	(parler)
sortir	**sors**	**sortons**	**sortez**	avec les amis
venir	**viens**	**venons**	**venez**	à l'heure
voir	**vois**	**voyons**	**voyez**	ce bon film
vouloir	*(veux)?*	*(voulons)?*	**veuillez**	venir

Les impératifs – au contraire

Un élève donne l'affirmatif; un autre donne le négatif et vice versa.

Verbes simples

mange	ne mange pas
danse	ne danse pas
bois	ne bois pas
parlons	ne parlons pas
marchons	ne marchons pas
allons	n'allons pas
finissez	ne finissez pas
partez	ne partez pas
criez	ne criez pas

Verbes réfléchis

lave-toi	ne te lave pas
couche-toi	ne te couche pas
assieds-toi	ne t'assieds pas
levons-nous	ne nous levons pas
préparons-nous	ne nous préparons pas
calmons-nous	ne nous calmons pas
amusez-vous	ne vous amusez pas
pressez-vous	ne vous pressez pas
réveillez-vous	ne vous réveillez pas

---

manger to eat   **danser** to dance   **boire** to drink
parler to talk   **marcher** to walk   **aller** to go
finir to finish   **partir** to leave   **crier** to shout

---

se laver to wash   **se coucher** to go to bed   **s'asseoir** to sit down
se lever to get up   **se préparer** to get ready   **se calmer** to calm down
s'amuser to have fun   **se presser** to hurry   **se réveiller** to wake up

TACTICS: **1, 2, 3 GO!**

Les impératifs – "corrections"

–Couche-toi! —Je ne me couche pas.
–Couche-toi! —Je ne me couche pas.
–Tu vas te coucher. —Je ne vais pas me coucher.
–Tu te couches ou je me fâche! —Ne te fâche pas; je me couche.
–Tu te couches maintenant? —Oui, je me couche maintenant.

–Parle! —Je ne parle pas.
–Parle! —Je ne parle pas!
–Tu vas parler. —Je ne vais pas parler.
–Tu parles ou je me fâche! —Ne te fâche pas; je parle.
–Tu parles maintenant? —Oui, je parle maintenant.

–Ne danse pas! —Je danse.
–Ne danse pas! —Je danse.
–Tu ne vas pas danser. —Si! Je vais danser.
–Tu danses et je me fâche! —Ne te fâche pas; je ne danse pas.
–Tu ne danses pas maintenant? —Non, je ne danse pas maintenant.

–Ne te lève pas! —Je me lève.
–Ne te lève pas! —Je me lève.
–Tu ne vas pas te lever. —Si! Je vais me lever.
–Tu te lèves et je me fâche! —Ne te fâche pas; je ne me lève pas.
–Tu ne te lèves pas maintenant? —Non, je ne me lève pas maintenant.

–Mange! —Je ne mange pas.
–Mange! —Je ne mange pas.
–Tu vas manger. —Je ne vais pas manger.
–Tu manges ou je me fâche! —Ne te fâche pas; je mange.
–Tu manges maintenant? —Oui, je mange maintenant.

Variations avec vous et nous.

Couchez-vous! Parlez! Ne dansez pas! Ne vous levez pas! Mangez!

Couchons-nous! Parlons! Ne dansons pas! Ne nous levons pas! Mangeons!

Verbe réfléchi – présent

je me lave	est-ce que je me lave
tu te laves	**te laves-tu**
il se lave	se lave-t-il
elle se lave	**se lave-t-elle**
on se lave	se lave-t-on
nous nous lavons	**nous lavons-nous**
vous vous lavez	vous lavez-vous
ils se lavent	**se lavent-ils**
elles se lavent	se lavent-elles

affirmatif   *interrogatif*

négatif   *négatif - interrogatif*

je ne me lave pas	**est-ce que je ne me lave pas**
tu ne te laves pas	ne te laves-tu pas
il ne se lave pas	**ne se lave-t-il pas**
elle ne se lave pas	ne se lave-t-elle pas
on ne se lave pas	**ne se lave-t-on pas**
nous ne nous lavons pas	ne nous lavons-nous pas
vous ne vous lavez pas	**ne vous lavez-vous pas**
ils ne se lavent pas	ne se lavent-ils pas
elles ne se lavent pas	**ne se lavent-elles pas**

(_____ secondes)

Verbes irréguliers au présent

Pour la répétition.

aller	**avoir**	**connaître**	**dire**	**devoir**
to go	*to have*	*to know*	*to say*	*to owe*
je vais	j'ai	je connais	je dis	je dois
tu vas	tu as	tu connais	tu dis	tu dois
il va	il a	il connaît	il dit	il doit
elle va	elle a	elle connaît	elle dit	elle doit
on va	on a	on connaît	on dit	on doit
nous allons	nous avons	nous connaissons	nous disons	nous devons
vous allez	vous avez	vous connaissez	vous dites	vous devez
ils vont	ils ont	ils connaissent	ils disent	ils doivent
elles vont	elles ont	elles connaissent	elles disent	elles doivent

écrire	**être**	**faire**	**lire**	**mettre**
to write	*to be*	*to do*	*to read*	*to put*
j'écris	je suis	je fais	je lis	je mets
tu écris	tu es	tu fais	tu lis	tu mets
il écrit	il est	il fait	il lit	il met
elle écrit	elle est	elle fait	elle lit	elle met
on écrit	on est	on fait	on lit	on met
nous écrivons	nous sommes	nous faisons	nous lisons	nous mettons
vous écrivez	vous êtes	vous faites	vous lisez	vous mettez
ils écrivent	ils sont	ils font	ils lisent	ils mettent
elles écrivent	elles sont	elles font	elles lisent	elles mettent

Pour raconter une histoire.

	je	**tu**	**il, elle, on**	**nous**	**vous**	**ils, elles**
aller	vais	vas	va	allons	allez	vont
avoir	ai	as	a	avons	avez	ont
connaître	connais	connais	connaît	connaissons	connaissez	connaissent
dire	dis	dis	dit	disons	dites	disent
devoir	dois	dois	doit	devons	devez	doivent
écrire	écris	écris	écrit	écrivons	écrivez	écrivent
être	suis	es	est	sommes	êtes	sont
faire	fais	fais	fait	faisons	faites	font
lire	lis	lis	lit	lisons	lisez	lisent
mettre	mets	mets	met	mettons	mettez	mettent

Verbes irréguliers au présent

1-2

Pour la répétition.

offrir	**ouvrir**	**partir**	**pouvoir**	**prendre**
to offer	*to open*	*to leave*	*to be able*	*to take*
j'offre	j'ouvre	je pars	je peux	je prends
tu offres	tu ouvres	tu pars	tu peux	tu prends
il offre	il ouvre	ils part	ils peut	il prend
elle offre	elle ouvre	elle part	elle peut	elle prend
on offre	on ouvre	on part	on peut	on prend
nous offrons	nous ouvrons	nous partons	nous pouvons	nous prenons
vous offrez	vous ouvrez	vous partez	vous pouvez	vous prenez
ils offrent	ils ouvrent	ils partent	ils peuvent	ils prennent
elles offrent	elles ouvrent	elles partent	elles peuvent	elles prennent

savoir	**sortir**	**venir**	**voir**	**vouloir**
to know	*to go out*	*to come*	*to see*	*to want*
je sais	je sors	je viens	je vois	je veux
tu sais	tu sors	tu viens	tu vois	tu veux
il sait	il sort	il vient	il voit	il veut
elle sait	elle sort	elle vient	elle voit	elle veut
on sait	on sort	on vient	on voit	on veut
nous savons	nous sortons	nous venons	nous voyons	nous voulons
vous savez	vous sortez	vous venez	vous voyez	vous voulez
ils savent	ils sortent	ils viennent	ils voient	ils veulent
elles savent	elles sortent	elles viennent	elles voient	elles veulent

Pour raconter une histoire.

	je	tu	il, elle, on	nous	vous	ils, elles
offrir	offre	offres	offre	offrons	offrez	offrent
ouvrir	ouvre	ouvres	ouvre	ouvrons	ouvrez	ouvrent
partir	pars	pars	part	partons	partez	partent
pouvoir	peux	peux	peut	pouvons	pouvez	peuvent
prendre	prends	prends	prend	prenons	prenez	prennent
savoir	sais	sais	sait	savons	savez	savent
sortir	sors	sors	sort	sortons	sortez	sortent
venir	viens	viens	vient	venons	venez	viennent
voir	vois	vois	voit	voyons	voyez	voient
vouloir	veux	veux	veut	voulons	voulez	veulent

TACTICS: **1, 2, 3 GO!**

Prononciation & orthographe

a é e è i o u

Attention au <u>changements orthographiques</u> et à la prononciation.

	je / j'	tu	il, elle, on	nous	vous	ils, elles
acheter e/è	achète	achètes	achète	achetons	achetez	achètent
appeler l/ll	appelle	appelles	appelle	appelons	appelez	appellent
commencer c/ç	commence	commences	commence	commençons	commencez	commencent
emmener e/è	emmène	emmènes	emmène	emmenons	emmenez	emmènent
espérer é/è	espère	espères	espère	espérons	espérez	espèrent
geler e/è	gèle	gèles	gèle	gelons	gelez	gèlent
jeter t/tt	jette	jettes	jette	jetons	jetez	jettent
lever e/è	lève	lèves	lève	levons	levez	lèvent
manger g/ge	mange	manges	mange	mangeons	mangez	mangent
payer y/i	paie	paies	paie	payons	payez	paient
peser e/è	pèse	pèses	pèse	pesons	pesez	pèsent
préférer é/è	préfère	préfères	préfère	préférons	préférez	préfèrent
répéter é/è	répète	répètes	répète	répétons	répétez	répètent

acheter to buy; *appeler* to call, name; *commencer* to begin; *emmener* to take out; *espérer* to hope; *geler* to freeze; *jeter* to throw; *lever* to lift; *manger* to eat; *payer* to pay; *peser* to weigh; *préférer* to prefer; *répéter* to repeat

Verbes réguliers au passé-composé

voir p. 7 (avoir)

1 -er   *aimer, chanter, danser, marcher, manger, _____*

j'ai parlé	je n'ai pas parlé	ai-je parlé?	n'ai-je pas parlé?
tu as parlé	tu n'as pas parlé	as-tu parlé?	n'as-tu pas parlé?
il a parlé	il n'a pas parlé	a-t-il parlé?	n'a-t-il pas parlé?
elle a parlé	elle n'a pas parlé	a-t-elle parlé?	n'a-t-elle pas parlé?
on a parlé	on n'a pas parlé	a-t-on parlé?	n'a-t-on pas parlé?
nous avons parlé	nous n'avons pas parlé	avons-nous parlé?	n'avons-nous pas parlé?
vous avez parlé	vous n'avez pas parlé	avez-vous parlé?	n'avez-vous pas parlé?
ils ont parlé	ils n'ont pas parlé	ont-ils parlé?	n'ont-ils pas parlé?
elles ont parlé	elles n'ont pas parlé	ont-elles parlé?	n'ont-elles pas parlé?

2 -ir   *choisir, grandir, rougir, servir, blanchir, _____*

j'ai fini	je n'ai pas fini	ai-je fini?	n'ai-je pas fini?
tu as fini	tu n'as pas fini	as-tu fini?	n'as-tu pas fini?
il a fini	il n'a pas fini	a-t-il fini?	n'a-t-il pas fini?
elle a fini	elle n'a pas fini	a-t-elle fini?	n'a-t-elle pas fini?
on a fini	on n'a pas fini	a-t-on fini?	n'a-t-on pas fini?
nous avons fini	nous n'avons pas fini	avons-nous fini?	n'avons-nous pas fini?
vous avez fini	vous n'avez pas fini	avez-vous fini?	n'avez-vous pas fini?
ils ont fini	ils n'ont pas fini	ont-ils fini?	n'ont-ils pas fini?
elles ont fini	elles n'ont pas fini	ont-elles fini?	n'ont-elles pas fini?

3 -re   *attendre, rendre, fendre, tendre, revendre, _____*

j'ai vendu	je n'ai pas vendu	ai-je vendu?	n'ai-je pas vendu?
tu as vendu	tu n'as pas vendu	as-tu vendu?	n'as-tu pas vendu?
il a vendu	il n'a pas vendu	a-t-il vendu?	n'a-t-il pas vendu?
elle a vendu	elle n'a pas vendu	a-t-elle vendu?	n'a-t-elle pas vendu?
on a vendu	on n'a pas vendu	a-t-on vendu?	n'a-t-on pas vendu?
nous avons vendu	nous n'avons pas vendu	avons-nous vendu	n'avons-nous pas vendu?
vous avez vendu	vous n'avez pas vendu	avez-vous vendu?	n'avez-vous pas vendu?
ils ont vendu	ils n'ont pas vendu	ont-ils vendu?	n'ont-ils pas vendu?
elles ont vendu	elles n'ont pas vendu	ont-elles vendu?	n'ont-elles pas vendu?

affirmatif   *négatif*   *interrogatif*   *négatif-interrogatif*

Passé composé – auxiliaire "être"

voir p. 6 (être)

je suis allé(e)	suis-je allé(e)
tu es allé(e)	**es-tu allé(e)**
il est allé	est-il allé
elle est allée	**est-elle allée**
on est allé	est-on allé
nous sommes allé(e)s	**sommes-nous allé(e)s**
vous êtes allé(e)(s)	êtes-vous allé(e)(s)
ils sont allés	**sont-ils allés**
elles sont allées	sont-elles allées

affirmatif	*interrogatif*
négatif	*négatif-interrogatif*

je ne suis pas allé(e)	**ne suis-je pas allé(e)**
tu n'es pas allé(e)	n'es-tu pas allé(e)
il n'est pas allé	**n'est-il pas allé**
elle n'est pas allée	n'est-elle pas allée
on n'est pas allé	n'est-on pas allé
nous ne sommes pas allé(e)s	ne sommes-nous pas allé(e)s
vous n'êtes pas allé(e)(s)	**n'êtes-vous pas allé(e)(s)**
ils ne sont pas allés	ne sont-ils pas allés
elles ne sont pas allées	**ne sont-elles pas allées**

<u>Le participe passé</u> d'un verbe intransitif (qui n'a jamais d'objet direct) conjugué avec être (les 16 verbes sur "la liste" - voir la page d'en face) s'accorde avec le sujet*.

Il* est <u>allé</u>.   *Elle* est <u>allée</u>.*
Ils* sont <u>allés</u>.   *Elles* sont <u>allées</u>.*

> **Le participe passé**
> d'un verbe sur "la liste"
> **s'accorde avec le sujet.**

TACTICS: 1, 2, 3 GO!

Passé composé + être – mémorisations

*Ces seize verbes intransitifs sont conjugués avec **être** au passé composé.*

Verbe	Phrase exemple à mémoriser	"indice" (clue)
venir	Je suis venu(e) en classe.	en classe
aller	Je suis allé(e) en vacances	en vacances
entrer	Je suis entré(e) dans la salle de classe.	dans la salle de classe
sortir	Je suis sorti(e) de la salle de classe.	de la salle de classe
arriver	Je suis arrivé(e) à l'aéroport.	à l'aéroport
partir	Je suis parti(e) du parking.	du parking
monter	Je suis monté(e) dans le taxi.	dans le taxi
descendre	Je suis descendu(e) du taxi.	du taxi
naître	Je suis né(e) à l'hôpital.	à l'hôpital
mourir	Je ne suis pas encore mort(e)!	pas encore!
rester	Je suis resté(e) dans la salle d'attente.	dans la salle d'attente
retourner	Je suis retourné(e) à mon école primaire.	à mon école primaire
revenir	Je suis revenu(e) à cet endroit.	à cet endroit
rentrer	Je suis rentré(e) chez moi.	chez moi
devenir	Je suis devenu(e) très fatigué(e).	très fatigué(e)
tomber	Je suis tombé(e) de la lune.	de la lune

5 paires   I came to class. ≠ I went on vacation.
            I entered the classroom. ≠ I left the classroom. (went out of)
            I arrived at the airport. ≠ I left the parking (lot/garage).
            I got into the taxi. (to go up) ≠ I got out of the taxi. (to go down)
            I was born in the hospital. ≠ I haven't died yet!
4 r's   I stayed in the waiting room. I returned to my elementary school (to go back).
            I returned to this place (to come back). I went home (returned to my place).
d + t   I became very tired. I have fallen from the moon ("back to reality").

TACTICS: 1, 2, 3 GO!

Passé composé – auxiliaire "avoir"

voir p. 7 (avoir))

j'ai mangé	ai-je mangé
tu as mangé	**as-tu mangé**
il a mangé	a-t-il mangé
elle a mangé	**a-t-elle mangé**
on a mangé	a-t-on mangé
nous avons mangé	**avons-nous mangé**
vous avez mangé	avez-vous mangé
ils ont mangé	**ont-ils mangé**
elles ont mangé	ont-elles mangé

affirmatif	*interrogatif*
négatif	*négatif-interrogatif*

je n'ai pas mangé	**n'ai-je pas mangé**
tu n'as pas mangé	n'as-tu pas mangé
il n'a pas mangé	**n'a-t-il pas mangé**
elle n'a pas mangé	n'a-t-elle pas mangé
on n'a pas mangé	**n'a-t-on pas mangé**
nous n'avons pas mangé	n'avons-nous pas mangé
vous n'avez pas mangé	**n'avez-vous pas mangé**
ils n'ont pas mangé	n'ont-ils pas mangé
elles n'ont pas mangé	**n'ont-elles pas mangé**

Le participe passé (mangé) ne change pas si l'objet direct* est **après** le verbe:

    J'ai mangé le pain.*   J'ai mangé la tarte*.*
    J'ai mangé les biscuits.*   J'ai mangé les bananes*.*

Attention:

Le participe passé
s'accorde avec
un objet direct précédant.*

Le pain, je l'ai mangé.*   *La tarte*, je l'ai mangée.*
Les biscuits, je les ai mangés.*   *Les bananes*, je les ai mangées.*

84 quatre-vingt-quatre   TACTICS: **1, 2, 3 GO!**

Phrases au passé composé (+ "cues")

Un élève donne la conclusion (ou le verbe) et un autre élève donne la phrase et vice versa.

conjugué avec **AVOIR**	conjugué avec **ETRE**

attendre
    J'ai attendu **le train**.
avoir
    J'ai eu **un problème**.
boire
    J'ai bu **une boisson**.
comprendre
    J'ai compris **la question**.
croire
    J'ai cru **son histoire**.
dire
    J'ai dit **bonjour**.
écrire
    J'ai écrit **une lettre**.
faire
    J'ai fait **mon devoir**.
finir
    J'ai fini **mon travail**.
lire
    J'ai lu **un livre**.
mettre
    J'ai mis **mon manteau**.
offrir
    J'ai offert **un cadeau**.
perdre
    J'ai perdu **ma clef**.
recevoir
    J'ai reçu **un paquet**.
suivre
    J'ai suivi **la discussion**.
voir
    J'ai vu **le film**.
vouloir
    J'ai voulu **rire**.
_____
_____

venir
    Je suis venu(e) **en classe**.
aller
    Je suis allé(e) **en vacances**.
arriver
    Je suis arrivé(e) **à l'aéroport**.
partir
    Je suis parti(e) **du parking**.
monter
    Je suis monté(e) **dans le taxi**.
descendre
    Je suis descendu(e) **du taxi**.
entrer
    Je suis entré(e) **dans la salle**.
sortir
    Je suis sorti(e) **de la salle.**
naître
    Je suis né(e) **à l'hôpital**.
mourir
    Je ne suis **pas encore** mort(e).
rester
    Je suis resté(e) **dans la salle d'attente**.
retourner
    Je suis retourné(e) **à mon école primaire**.
revenir
    Je suis revenu(e) **ici**.
rentrer
    Je suis rentré(e) **chez moi**.
devenir
    Je suis devenu(e) **fatigué(e)**.
tomber
    Je suis tombé(e) **de la lune**.
_____
_____

TACTICS: 1, 2, 3 GO!

sortir, monter & descendre (avoir/être)

2-3

avoir + objet direct (to move objets)
être + préposition (and location, to move subject)

<u>(cue to sentence)</u>　　　　　　　　　　　(translation exercise)

être

Je suis sorti(e) <u>de la salle</u>.	*I left the room.*
Je suis sorti(e) <u>de la gare</u>.	*I left the train station.*
Je suis sorti(e) <u>du cinéma</u>.	*I left the movie theater.*
Je suis monté(e) <u>dans le taxi</u>.	*I got (up) into the taxi.*
Je suis monté(e) <u>au premier étage</u>.	*I went (up) to the first floor.*
Je suis monté(e) <u>au grenier</u>.	*I went (up) to the attic.*
Je suis descendu(e) <u>du taxi</u>.	*I got (down) out of the taxi.*
Je suis descendu(e) <u>du deuxième étage</u>.	*I came down from the second floor.*
Je suis descendu(e) <u>à la cave</u>.	*I went down to the cellar.*

avoir

J'ai sorti <u>ma carte</u>.	*I got out my card.*
J'ai sorti <u>mes clefs</u>.	*I got out my keys.*
J'ai sorti <u>mon passeport</u>.	*I got out my passport.*
J'ai monté <u>les valises</u>.	*I brought (/took) up the bags.*
J'ai monté <u>les paquets</u>.	*I took (/brought) up the packages.*
J'ai monté <u>le vin de la cave</u>.	*I brought up the wine from the cellar.*
J'ai monté <u>le courrier</u>.	*I brought up the mail.*
J'ai descendu <u>les valises</u>.	*I took (/brought) down the bags.*
J'ai descendu <u>les paquets</u>.	*I brought (/took) down the packages.*
J'ai descendu <u>les costumes du grenier</u>.	*I took down the costumes from the attic.*
J'ai descendu <u>les ordures</u>.	*I took down the garbage.*

"la malle, la montagne et le monument"

J'ai monté <u>la malle</u>.	*I brought up the trunk.*
Je suis monté(e) <u>sur la malle</u>.	*I got up on the trunk.*
Je suis sorti(e) (/descendu(e)) <u>de la malle</u>!	*I got out of (/down from) the trunk!*
J'ai monté <u>la montagne</u>.	*I climbed the mountain.*
Je suis monté(e) <u>sur la montagne</u>.	*I went up on the mountain.*
Je suis descendu(e) <u>de la montagne</u>.	*I came down from the mountain.*
J'ai monté <u>le monument</u>.	*I climbed the monument.*
Je suis monté(e) <u>sur le monument</u>.	*I got up on the mountain.*
Je suis descendu(e) <u>du monument</u>.	*I got down off of the monument.*

Verbes réfléchis – passé composé

je me suis amusé(e)   me suis-je amusé(e)
tu t'es amusé(e)   **t'es-tu amusé(e)**
il s'est amusé   s'est-il amusé
elle s'est amusée   **s'est-elle amusée**
on s'est amusé   s'est-on amusé
nous nous sommes amusé(e)s   **nous sommes-nous amusé(e)s**
vous vous êtes amusé(e)(s)   vous êtes-vous amusé(e)(s)
ils se sont amusés   **se sont-ils amusés**
elles se sont amusées   se sont-elles amusées

affirmatif	*interrogatif*
négatif	*négatif - interrogatif*

je ne me suis pas amusé(e)   **ne me suis-je pas amusé(e)**
tu ne t'es pas amusé(e)   ne t'es-tu pas amusé(e)
il ne s'est pas amusé   **ne s'est-il pas amusé**
elle ne s'est pas amusée   ne s'est-elle pas amuseé
on ne s'est pas amusé   **ne s'est-on pas amusé**
nous ne nous sommes pas amus(e)és   ne nous sommes-nous pas amusé(e)s
vous ne vous êtes pas amusé(e)(s)   **ne vous êtes-vous pas amusé(e)(s)**
ils ne se sont pas amusés   ne se sont-ils pas amusés
elles ne se sont pas amusées   **ne se sont-elles pas amusées**

(_____ secondes)

Attention: *Le participe passé **s'accorde** avec un objet **direct** précédant.*
Elle s'est amusée. Nous nous sommes amusé(e)s. Je me suis amusé(e)
*(Elles se sont parlé. Elle s'est lavé les mains. "se" est objet **indirect**.)*

TACTICS: **1, 2, 3 GO!**

Le temps qui passe... et les temps

le passé composé   **"le passé récent"** *(le présent de <u>venir</u> + de)*

affirmatif

j'ai mangé   je viens de manger
tu as mangé   **tu viens de manger**
il a mangé   il vient de manger
elle a mangé   **elle vient de manger**
on a mangé   on vient de manger
nous avons mangé   **nous venons de manger**
vous avez mangé   vous venez de manger
ils ont mangé   **ils viennent de manger**
elles ont mangé   elles viennent de manger

négatif

je n'ai pas mangé   **je ne viens pas de manger**
tu n'as pas mangé   tu ne viens pas de manger
il n'a pas mangé   **il ne vient pas de manger**
elle n'a pas mangé   elle ne vient pas de manger
on n'a pas mangé   **on ne vient pas de manger**
nous n'avons pas mangé   nous ne venons pas de manger
vous n'avez pas mangé   **vous ne venez pas de manger**
ils n'ont pas mangé   ils ne viennent pas de manger
elles n'ont pas mangé   **elles ne viennent pas de manger**

interrogatif

ai-je mangé   est-ce que je viens de manger
as-tu mangé   **viens-tu de manger**
a-t-il mangé   vient-il de manger
a-t-elle mangé   **vient-elle de manger**
a-t-on mangé   vient-on de manger
avons-nous mangé   **venons-nous de manger**
avez-vous mangé   venez-vous de manger
ont-ils mangé   **viennent-ils de manger**
ont-elles mangé   viennent-elles de manger

négatif-interrogatif

n'ai-je pas mangé   **est-ce que je ne viens pas de manger**
n'as-tu pas mangé   ne viens-tu pas de manger
n'a-t-il pas mangé   **ne vient-il pas de manger**
n'a-t-elle pas mangé   ne vient-elle pas de manger
n'a-t-on pas mangé   **ne vient-on pas de manger**
n'avons-nous pas mangé   ne venons-nous pas de manger
n'avez-vous pas mangé   **ne venez-vous pas de manger**
n'ont-ils pas mangé   ne viennent-ils pas de manger
n'ont-elles pas mangé   **ne viennent-elles pas de manger**

qui expriment le temps de l'action.

le présent	le futur proche *(le présent d'<u>aller</u>)*	le futur
	affirmatif	
je mange	je vais manger	je mangerai
tu manges	**tu vas manger**	**tu mangeras**
il mange	il va manger	il mangera
elle mange	**elle va manger**	**elle mangera**
on mange	on va manger	on mangera
nous mangeons	**nous allons manger**	**nous mangerons**
vous mangez	vous allez manger	vous mangerez
ils mangent	**ils vont manger**	**ils mangeront**
elles mangent	elles vont manger	elles mangeront
	négatif	
je ne mange pas	**je ne vais pas manger**	**je ne mangerai pas**
tu ne manges pas	tu ne vas pas manger	tu ne mangeras pas
il ne mange pas	**il ne va pas manger**	**il ne mangera pas**
elle ne mange pas	elle ne va pas manger	elle ne mangera pas
on ne mange pas	**on ne va pas manger**	**on ne mangera pas**
nous ne mangeons pas	nous n'allons pas manger	nous ne mangerons pas
vous ne mangez pas	**vous n'allez pas manger**	**vous ne mangerez pas**
ils ne mangent pas	ils ne vont pas manger	ils ne mangeront pas
elles ne mangent pas	**elles ne vont pas manger**	**elles ne mangeront pas**
	interrogatif	
est-ce que je mange	vais-je manger	mangerai-je
manges-tu	**vas-tu manger**	**mangeras-tu**
mange-t-il	va-t-il manger	mangera-t-il
mange-t-elle	**va-t-elle manger**	**mangera-t-elle**
mange-t-on	va-t-on manger	mangera-t-on
mangeons-nous	**allons-nous manger**	**mangerons-nous**
mangez-vous	allez-vous manger	mangerez-vous
mangent-ils	**vont-ils manger**	**mangeront-ils**
mangent-elles	vont-elles manger	mangeront-elles
	négatif-interrogatif	
est-ce que je ne mange pas	**ne vais-je pas manger**	**ne mangerai-je pas**
ne manges-tu pas	ne vas-tu pas manger	ne mangeras-tu pas
ne mange-t-il pas	**ne va-t-il pas manger**	**ne mangera-t-il pas**
ne mange-t-elle pas	ne va-t-elle pas manger	ne mangera-t-elle pas
ne mange-t-on pas	**ne va-t-on pas manger**	**ne mangera-t-on pas**
ne mangeons-nous pas	n'allons-nous pas manger	ne mangerons-nous pas
ne mangez-vous pas	**n'allez-vous pas manger**	**ne mangerez-vous pas**
ne mangent-ils pas	ne vont-ils pas manger	ne mangeront-ils pas
ne mangent-elles pas	**ne vont-elles pas manger**	**ne mangeront-elles pas**

TACTICS: **1, 2, 3 GO!**

Négatifs au présent / au passé composé

Un élève présente un élément; un autre élève donne l'équivalent dans une autre colonne.

présent	*passé composé*	*traduction*
Je ne fume pas.	Je n'ai pas fumé.	I don't / didn't smoke
Je ne triche pas.	Je n'ai pas triché.	I don't / didn't cheat.
Je ne mens pas.	Je n'ai pas menti.	I don't / didn't lie.
Je ne fume jamais.	Je n'ai jamais fumé.	I never smoke / smoked.
Je ne fume rien.	Je n'ai rien fumé.	I smoke / smoked nothing.
Rien ne m'arrive.	Rien ne m'est arrivé.	Nothing happens / happened to me.
Je ne pense à rien.	Je n'ai pensé à rien.	I think of / thought of nothing.
Rien ne se passe.	Rien ne s'est passé.	Nothing happens / happened.
Je ne dis rien.	Je n'ai rien dit.	I say / said nothing.
Je n'ai besoin de rien.	Je n'ai eu besoin de rien.	I need / needed nothing.
Personne ne fume.	Personne n'a fumé.	No one smokes / smoked.
Je ve vois personne.	Je n'ai <u>vu personne</u>.	I see / saw no one.
Je ne parle à personne.	Je n'ai parlé à personne.	I speak / spoke to no one.
Je ne travaille plus.	Je n'ai plus travaillé.	I no longer work / worked.
Je n'ai que deux bonbons.	Je n'ai <u>eu que</u> deux bonbons.	I have / had only two candies.
Je ne mens point.	Je n'ai point menti.	I don't / didn't lie at all.
Je ne bois pas du tout.	Je n'ai pas du tout bu.	I don't / didn't drink at all.
Je ne comprends guère.	Je n'ai guère compris.	I scarcely understand / understood.
Je ne vois ni chien ni chat.	Je n'ai <u>vu ni</u> chien ni chat.	I see / saw neither dog nor cat.
Je ne vois aucun* animal.	Je n'ai vu aucun* animal.	I see / saw no animal.
Aucun* animal ne pense.	Aucun* animal n'a pensé.	No animal thinks / thought.
Je te dis de ne pas le faire.	Je t'ai dit de ne pas le faire.	I tell / told you not to do it.
Je veux ne pas fumer.	J'ai voulu ne pas fumer.	I want to / wanted to not smoke.
Je préfère ne pas aller.	J'ai préféré ne pas aller.	I prefer / preferred to not go.
Je dois ne rien dire.	J'ai dû ne rien dire.	I have to / had to say nothing.
Je désire ne jamais mourir.	J'ai désiré ne jamais mourir.	I desire / desired to never die.

* *un adjectif négatif qui précède le nom: aucun / aucune / / aucuns / aucunes*
(aussi (plus rare) nul / nulle / / nuls / nulles)

<u>**Attention**</u>: *le deuxième mot négatif se place <u>après</u> le participe passé.*
    *ne...**personne**   ne...**que**   ne...**ni...ni**...*
Je n'ai vu <u>personne</u>. Je n'ai lu <u>que</u> la fin. Je n'ai bu <u>ni</u> thé <u>ni</u> café.

Accord du participe passé

Deux règles à mémoriser: *Numéro un*

> **Le participe passé**
> d'un verbe sur la liste*
> **s'accorde avec le sujet.**

*Exemple: **Elle est morte.***

(*la liste = les 16 verbes intransitifs conjugués avec être – Voir les pages 82 et 83.)

sortir	*venir*	*entrer*
sorti/sortie//sortis/sorties	venu/venue//venus/venues	entré/entrée//entrés/entreés

Elle est sortie	Nous sommes venu(e)s.	Elles sont entrées.
Il est sorti.	**Ils sont venus.**	**Elle est entreé.**
Elles sont sorties.	On est venu.	Ils sont entrés.
Nous sommes sorti(e)s.	**La mère est venue.**	**Le père est entré.**
Louise est sortie.	Vous êtes venu(e)(s).	Marie est entrée.

(Il n'y a pas de différence de prononciation!)

Numéro deux

> **Le participe passé**
> s'accorde avec
> **un objet direct précédant.**

*Exemple: **La bicyclette, je l'ai prise.***

mettre	*prendre*	*faire*
mis/mise//mis//mises	pris/prise//pris/prises	fait/faite//faits//faites

Voici la table que j'ai ____.	Voici la chaise que j'ai____.	Voici la tarte que j'ai ____.
Voici la lampe que	**Voici les livres que**	**Voici la table que**
Voici la cravate	Voici une tarte	Voici une carte
le chapeau	**les fourchettes**	**la rédaction**
les chaussettes	le dictionnaire	les biscuits
la chemise	**la feuille**	**le cahier**
les gants	les cassettes	les pâtisseries

Attention !!!: Elle <u>s'</u>est <u>lavée</u>. "lavée" s'accorde avec "se", **l'objet direct précédant.**

TACTICS: **1, 2, 3 GO!**

Le participe passé – entendu!

Le participe passé s'accorde avec **un objet direct précedant**.

...<u>que</u> j'ai fait   fait/faite // faits/faites

le livre	Voici le livre que j'ai fait.
la tarte	**Voici la tarte que j'ai faite.**
les devoirs	Voici les devoirs que j'ai faits.
les chemises	**Voici les chemises que j'ai faites.**
tout ce que	Voici tout ce que j'ai fait.

...<u>que</u> j'ai pris   pris/prise // pris/prises

la bicyclette	Voilà la bicyclette que j'ai prise.
le train	**Voilà le train que j'ai pris.**
les chaises	Voilà les chaises que j'ai prises.
les livres	**Voilà les livres que j'ai pris.**
tout ce que	Voilà tout ce que j'ai pris.

Voici / Voilà... que...

...que j'ai mis   mis/mise // mis/mises
   le chapeau **la chemise** le pantalon **les chaussures** tout ce que

...que j'ai dit   dit/dite // dits/dites
   le mot la phrase **les lettres** les mots **tout ce que**

...que j'ai écrit   écrit/écrite // écrits/écrites
   la lettre **tout ce que** les devoirs **les rédactions** la carte

...que j'ai ouvert (/offert)   ouvert/ouverte // ouverts/ouvertes
   le carton la boîte **les cahiers** les caisses **les cadeaux**

...que j'ai vu   vu/vue // vus/vues
*(toujours **quatre** formes écrites – généralement **une** prononciation!)*
   le film **la pièce** les acteurs **les actrices** les chiens

Eux! – toujours responsables

Objets directs: le / la / / les / les   <u>Le participe passé s'accorde avec <u>un objet direct précédant.</u></u>

le livre	la tarte	les biscuits	les salades
le cahier	la chemise	les gâteaux	les pâtisseries
le pain	la voiture	les fruits	les oranges

_____   _____   _____   _____

> Eh, <u>la tarte</u>, c'est toi qui l'as <u>prise</u>?
> **Mais non, ce n'est pas moi qui <u>l</u>'ai <u>prise</u>.**
> Qui <u>l</u>'a <u>prise</u>, alors?
> **Je ne sais pas qui <u>l</u>'a <u>prise</u>.**
> Ce sont ceux qui <u>l</u>'ont <u>prise</u>, comme toujours!

le mot	la phrase	les mots	les exclamations
le poème	la lettre	les paragraphes	les rédactions
le livre	l'adresse	les numéros	les explications

_____   _____   _____   _____

> **Eh, <u>les rédactions</u>, c'est toi qui <u>les</u> as <u>écrites</u>?**
> Mais non, ce n'est pas moi qui <u>les</u> ai <u>écrites</u>.
> **Qui <u>les</u> a <u>écrites</u>, alors?**
> Je ne sais pas qui <u>les</u> a <u>écrites</u>.
> **Ce sont eux qui <u>les</u> ont <u>écrites</u>, comme toujours!**

le catastrophe	la carte	les cartons	les boîtes
le désordre	la pâtisserie	les objets	les choses
le document	la farce	les graffiti	les traces

_____   _____   _____   _____

> Eh, <u>la farce</u>, c'est toi qui <u>l</u>'as <u>faite</u>?
> **Mais non, ce n'est pas moi qui <u>l</u>'ai <u>faite</u>.**
> Qui <u>l</u>'a <u>faite</u>, alors?
> **Je ne sais pas qui <u>l</u>'a <u>faite</u>.**
> Ce sont eux qui <u>l</u>'ont <u>faite</u>, comme toujours!

> Eh,_____, c'est toi qui _____ as _____?
> **Mais non, ce n'est pas moi qui_____ ai_____.**
> Qui _____ a _____, alors?
> **Je ne sais pas qui _____ a _____.**
> Ce sont eux qui _____ ont _____, comme toujours!

TACTICS: 1, 2, 3 GO!

Le futur et le conditionnel

1-2

Futur *I will talk.*

je parlerai
tu parleras
il parlera
elle parlera
on parlera
nous parlerons
vous parlerez
ils parleront
elles parleront

(terminaisons)
-ai   -ons
-as   -ez
-a   -ont

Conditionnel *I would talk.*

je parlerais
tu parlerais
il parlerait
elle parlerait
on parlerait
nous parlerions
vous parleriez
ils parleraient
elles parleraient

(terminaisons)
-ais   -ions
-ais   -iez
-ait   -aient

(Répétitions: affirmatif   négatif   interrogatif   négatif-interrogatif)

infinitif	futur	conditionnel	
parler	parlerai	parlerais	(1)
finir	finirai	finirais	(2)
vendre	vendrai	vendrais	(3)
aller	**irai**	**irais**	
avoir	**aurai**	**aurais**	
connaître	connaîtrai	connaîtrais	
dire	dirai	dirais	
devoir	**devrai**	**devrais**	
écrire	écrirai	écrirais	
être	**serai**	**serais**	
faire	**ferai**	**ferais**	
lire	lirai	lirais	
mettre	mettrai	mettrais	
offrir	offrirai	offrirais	
ouvrir	ouvrirai	ouvrirais	
partir	partirai	partirais	
pouvoir	**pou**rr**ai**	**pou**rr**ais**	
prendre	prendrai	prendrais	
savoir	**saurai**	**saurais**	
sortir	sortirai	sortirais	
venir	**viendrai**	**viendrais**	
voir	**ve**rr**ai**	**ve**rr**ais**	
vouloir	**voudrai**	**voudrais**	
mourir	**mou**rr**ai**	**mou**rr**ais**	*to die*
envoyer	**enve**rr**ai**	**enve**rr**ais**	*to send*
courir	**cou**rr**ai**	**cou**rr**ais**	*to run*

Attention aux irrégularités

94   quatre-vingt-quatorze   TACTICS: **1, 2, 3 GO!**

Quand présent / futur / passé

passé	Après que j'ai lu le devoir, j'ai étudié.
présent	**Quand j'étudie, j'apprends.**
futur	Lorsque je passerai le quiz, je gagnerai une bonne note.
futur	**Dès que je finirai, je quitterai l'école.**
futur	Aussitôt que je trouverai mes amis, nous nous amuserons.

après que = *after*; **quand, lorsque** = *when*; **dès que, aussitôt que** = *as soon as*

Ces conjonctions de temps demandent que la phrase soit complètement au présent, complètement au futur, ou complètement au passé. (**Attention:** *In English one says, "I will go when I finish." In French one says (in effect), "I will go when I will finish."*)

Quand j'ai fait le devoir, j'ai compris la leçon.	*passé*
Quand je fais le devoir, je comprends la leçon.	*présent*
Quand je ferai le devoir, je comprendrai la leçon.	*futur*

pronoms sujet   *actions – exemples*

                                  chanter, danser
                                  étudier, apprendre

je	nous	finir, être content(e)
tu	vous	travailler, être fatigué(e)
il	ils	sortir, s'amuser
elle	elles	se coucher, dormir
on		se lever, se laver
		arriver, voir des amis
		jouer longtemps, se fatiguer

passé   *présent*   *futur*

Changez le temps (présent, futur, passé). Changez le sujet (je...elles) Changez les verbes.
    Formez des phrases complètement au passé,
                     complètement au présent ou
                     complètement au futur.

TACTICS: **1, 2, 3 GO!**

L'imparfait

A verb tense expressing continuous or repeated past actions and conditions.
Formation: "nous _____" du présent, couper -"ons", ajouter -ais,-ais,-ait,-ions,-iez,-aient.
(Exemple ci-dessous: When I was younger, I had a stuffed animal.)

Quand j'étais plus jeune, j'avais un animal en peluche.
Quand tu étais plus jeune, tu avais un animal en peluche.
Quand il était plus jeune, il avait un animal en peluche.
Quand elle était plus jeune, elle avait un animal en peluche.
Quand on était plus jeune, on avait un animal en peluche.
Quand nous étions plus jeunes, nous avions un animal en peluche.
Quand vous étiez plus jeune(s), vous aviez un animal en peluche.
Quand ils étaient plus jeunes, ils avaient un animal en peluche.
Quand elles étaient plus jeunes, elles avaient un animal en peluche.

infinitif	imparfait	passé composé
parler	nous parlions	nous avons parlé
finir	nous finissions	nous avons fini
vendre	nous vendions	nous avons vendu
aller	nous allions	ns. sommes allé(e)s
avoir	nous avions	nous avons eu
connaître	nous connaissions	nous avons connu
dire	nous disions	nous avons dit
devoir	nous devions	nous avons dû
écrire	nous écrivions	nous avons écrit
être	nous **étions**	nous avons été
faire	nous faisions	nous avons fait
lire	nous lisions	nous avons lu
mettre	nous mettions	nous avons mis
offrir	nous offrions	nous avons offert
ouvrir	nous ouvrions	nous avons ouvert
partir	nous partions	ns. sommes parti(e)s
pouvoir	nous pouvions	nous avons pu
prendre	nous prenions	nous avons pris
savoir	nous savions	nous avons su
sortir	nous sortions	ns. sommes sorti(e)s
venir	nous venions	ns. sommes venu(e)s
voir	nous voyions	nous avons vu
vouloir	nous voulions	nous avons voulu
crier	nous **criions**	nous avons crié
étudier	nous **étudiions**	nous avons étudié
prier	nous **priions**	nous avons prié

Quand j'étais petit(e)...

je jouais	je finissais	**j'étais**
tu jouais	**tu finissais**	tu étais
il jouait	il finissait	**il était**
elle jouait	**elle finissait**	elle était
on jouait	on finissait	**on était**
nous jouions	**nous finissions**	nous étions
vous jouiez	vous finissiez	**vous étiez**
ils jouaient	**ils finissaient**	ils étaient
elles jouaient	elles finissaient	**elles étaient**

Quand j'étais petit(e), je jouais au Candyland.

boire du lait	*drink milk*	manger des biscuits	*eat crackers*
jeter une balle	*throw a ball*	se coucher à 7 heures	*to to bed at 7:00*
aller à la plage	*go to the beach*	jouer au Monopoly	*play Monopoly*
chanter l'alphabet	*sing the alphabet*	danser souvent	*dance often*
visiter les grands-parents		regarder Sesame Street	
savoir parler aux animaux		porter des mitaines avec une corde	
	know how to talk to animals		*wear mittens on a string*

_____   _____

Est-ce que tu _____ quand tu étais petit(e)?

Quand j'avais un an, _____.
Quand j'avais deux ans, _____.
Quand j'avais trois ans, _____.
Quand j'avais quatre ans, _____.
Quand j'avais cinq ans, _____.

Quand j'étais petit(e), mon père_____ **(me portait.)** *carried me*
Quand j'étais petit(e), ma mère _____ (m'habillait.) *dressed me*
Quand j'étais petit(e), mon frère _____ **(me taquinait)** *teased me*
Quand j'étais petit(e), ma soeur _____ (me tirait les cheveux) *pulled my hair*
Quand j'étais petit(e), mes grands-parents _____
Quand j'étais petit(e), mon professeur _____
Quand j'étais petit(e), mon professeur favori _____

_____

TACTICS: **1, 2, 3 GO!**

Description à l'imparfait

1-2

"Mon histoire"

description *à l'imparfait*

C'était <u>lundi</u>.	C'était _____.	It was <u>Monday</u>.
C'était <u>l'hiver</u>.	C'était _____.	It was <u>winter</u>.
Nous étions en <u>janvier</u>.	Nous étions _____.	We were <u>in January</u>.
Il faisait <u>beau</u>.	Il faisait _____.	It was <u>nice out</u>.
Le soleil <u>brillait</u>.	Le soleil _____.	The sun <u>was shining</u>.
Le ciel était <u>bleu</u>.	Le ciel était _____.	The sky was <u>blue</u>.
J'avais <u>dix</u> ans.	J'avais _____ ans.	I was <u>ten years old</u>.
Je voulais <u>sortir</u>.	Je voulais _____.	I wanted <u>to go out</u>.
J'étais <u>chez moi</u>.	J'étais _____.	I was <u>at my place</u>.
J'allais voir <u>Robert</u>.	J'allais voir _____.	I was going to see <u>Robert</u>.
Je savais <u>où il habitait</u>.	Je savais _____.	I knew <u>where he lived</u>.

action *au passé composé*

J'ai quitté ma maison.	_____	I left my house.
Je suis allé chez lui.	_____	I went to his place.
Nous avons joué ensemble.	_____	We played together.

description *à l'imparfait*

Mon (arrière-) grand-père est mort maintenant.
Ma (Mon arrière-) grand-mère est morte maintenant.

Il était vieux.	Elle était vieille.
Il marchait avec difficulté.	Elle marchait _____.
Il avait les cheveux blancs.	Elle avait les cheveux _____.
Il lisait toujours le journal.	Elle lisait toujours _____.
Il parlait de sa jeunesse.	Elle parlait _____.
_____	_____

Mon premier animal domestique

C'était <u>un poisson.</u>	It was a fish.
Il s'appelait <u>Plic</u>.	He was called Plic.
Je donnais à manger <u>à mon poisson</u>.	I used to feed my fish.
Il était <u>très intelligent</u>.	He was very smart.
Il faisait <u>des tours</u>.	He used to do tricks.
Il ne pouvait pas <u>courir</u>.	He couldn't run.
Il pouvait <u>nager très bien</u>!	He could swim very well!

98 quatre-vingt-dix-huit

TACTICS: **1, 2, 3 GO!**

Contrastes: imparfait – passé composé

l'action "plus longue" en contraste avec l'action "plus courte"
(la description)   (l'interruption)
(Variations: changez le sujet.)

Il composait le numéro	quand le téléphone est tombé du mur.
Il se baignait	**quand quelqu'un l'a appelé au téléphone.**
Il regardait son émission favorite	**quand** la télévision est tombée en panne.
Il finissait son chef-d'oeuvre	**quand le chien a renversé le chevalet.**
Il conduisait sur l'autoroute	quand un pneu a crevé.
Il dormait profondément	**quand le reveil-matin a sonné.**
Il se laçait les souliers	quand le lacet s'est cassé.

**Qu'est-ce qui s'est passé   Que faisait-il quand
quand il composait le numéro?   le téléphone est tombé du mur?**

**Qu'est-ce qui s'est passé quand... Que faisait-il quand...
_____?   _____?**

Il sortait un soufflé du four	**quand quelqu'on a claqué la porte.**
Il marchait pieds nus	quand il a marché sur une grenouille.
Il jouait de son violon	**quand le chien a commencé à hurler.**
Il essayait de finir l'examen	quand la classe a terminé.
Il imaginait le mieux	**quand le pire est arrivé.**
Il cherchait le gaz avec un briquet	quand il y a eu une explosion.
Il l'embrassait pour la première fois	**quand elle a éternué.**

He was dialing the number when the telephone fell off the wall.
He was taking a bath when someone called him to the phone.
He was watching his favorite program when the television broke.
He was finishing his masterpiece when the dog knocked over the easel.
He was driving on the highway when a tire burst.
He was sleeping deeply when the alarm clock rang.
He was tying his shoes when a shoelace broke.

He was getting a soufflé out of the oven when someone slammed the door.
He was walking barefoot when he stepped on a frog.
He was playing his violin when the dog began to howl.
He was trying to finish the test when the class finished.
He was imagining the best when the worst happened.
He was looking for the gas with a lighter when there was an explosion.
He was kissing her for the first time when she sneezed.

TACTICS: **1, 2, 3 GO!**

Verbes – l'essentiel

l'infinitif (-er, -ir, -re)	le présent (-ons)*	le participe passé	le participe présent (-ant)*	le passé simple (-ai,-is,-us,-ins)
parler (1)	parle, parlons*	parlé	parlant*	parlai (a)
finir (2)	finis, finissons	fini	finissant	finis (b)
vendre (3)	vends, vendons	vendu	vendant	vendis (b)
aller	vais, allons	allé	allant	allai (a)
avoir	ai, avons	eu	**ayant**	eus (c)
connaître	connais,-aissons	connu	connaissant	connus (c)
dire	dis, disons	dit	disant	dis (b)
devoir	dois, devons	dû	devant	dus (c)
écrire	écris, écrivons	écrit	écrivant	écrivis (b)
être	suis, sommes	été	**étant**	fus (c)
faire	fais, faisons	fait	faisant	fis (b)
lire	lis, lisons	lu	lisant	lus (c)
mettre	mets, mettons	mis	mettant	mis (b)
offrir	offre, offrons	offert	offrant	offris (b)
ouvrir	ouvre, ouvrons	ouvert	ouvrant	ouvris (b)
partir	pars, partons	parti	partant	partis (b)
pouvoir	peux, pouvons	pu	pouvant	pus (c)
prendre	prends, prenons	pris	prenant	pris (b)
savoir	sais, savons	su	**sachant**	sus (c)
sortir	sors, sortons	sorti	sortant	sortis (b)
venir	viens, venons	venu	venant	**vins** **(d)**
voir	vois, voyons	vu	voyant	vis (b)
vouloir	veux, voulons	voulu	voulant	voulus (c)
to speak	*I, we speak*	*spoken*	*speaking*	*I spoke*
to finish	*I, we finish*	*finished*	*finishing*	*I finished*

le passé simple	(a)	(b)	(c)	(d)
je	*parlai*	*finis*	*connus*	*vins*
tu	*parlas*	*finis*	*connus*	*vins*
il, elle, on	*parla*	*finit*	*connut*	*vint*
nous	*parlâmes*	*finîmes*	*connûmes*	*vînmes*
vous	*parlâtes*	*finîtes*	*connûtes*	*vîntes*
ils, elles	*parlèrent*	*finirent*	*connurent*	*vinrent*

TACTICS: **1, 2, 3 GO!**

Le plus-que-parfait

le plus-que-parfait the earlier past (imparfait de l'auxiliaire + participe passé)

I <u>had</u> spoken	I <u>had</u> gone	I <u>had</u> prepared (myself)
j'avais parlé	**j'étais allé(e)**	je m'étais préparé(e)
tu avais parlé	tu étais allé(e)	**tu t'étais préparé(e)**
il avait parlé	**il était allé**	il s'était préparé
elle avait parlé	elle était allée	**elle s'était préparée**
on avait parlé	**on était allé**	on s'était préparé
nous avions parlé	nous étions allé(e)s	**nous nous étions préparé(e)s**
vous aviez parlé	**vous étiez allé(e)(s)**	vous vous étiez préparé(e)(s)
ils avaient parlé	ils étaient allés	**ils s'étaient préparés**
elles avaient parlé	**elles étaient allées**	elles s'étaient préparées

> Quand j'avais parlé, j'ai quitté la classe.
> **Quand tu avais parlé, tu as quitté la classe.**
> Quand il avait parlé, il a quitté la classe.
> **Quand elle avait parlé, elle a quitté la classe.**
> Quand on avait parlé, on a quitté la classe.
> **Quand nous avions parlé, nous avons quitté la classe.**
> Quand vous aviez parlé, vous avez quitté la classe.
> **Quand ils avaient parlé, ils ont quitté la classe.**
> Quand elles avaient parlé, elles ont quitté la classe.

Exercice: Choisissez un pronom et faites une phrase où une action était la <u>première</u> action (plus-que-parfait) et l'autre action était la <u>deuxième</u> action (passé composé).

    je tu il elle on nous vous ils elles

Attention à l'auxiliaire

trouver les clefs / partir	poser la question / écouter la réponse
tomber / rougir	manger trop / devoir se coucher
se lever / s'habiller	se perdre / regarder la carte
s'endormir / rêver	ouvrir la bouteille / boire la limonade
faire le devoir / se reposer	répéter un peu / comprendre mieux

Exercice: Utilisez les verbes de l'autre côté de cette page. (page 102)

TACTICS: 1, 2, 3 GO!   cent un 101

Le futur antérieur

le futur antérieur the earlier future (le futur de l'auxiliaire + le participe passé)

I <u>will have</u> spoken	I <u>will have</u> left	I <u>will have</u> gone to bed
j'aurai parlé	je serai parti(e)	**je me serai couché(e)**
tu auras parlé	**tu seras parti(e)**	tu te seras couché(e)
il aura parlé	il sera parti	**il se sera couché**
elle aura parlé	**elle sera partie**	elle se sera couchée
on aura parlé	on sera parti	**on se sera couché**
nous aurons parlé	**nous serons parti(e)s**	nous nous serons couché(e)s
vous aurez parlé	vous serez parti(e)(s)	**vous vous serez couché(e)(s)**
ils auront parlé	**ils seront partis**	il se seront couchés
elles auront parlé	elles seront parties	**elles se seront couchées**

> Quand j'aurai fini, je partirai.
> **Quand tu auras fini, tu partiras.**
> Quand il aura fini, il partira.
> **Quand elle aura fini, elle partira.**
> Quand on aura fini, on partira.
> **Quand nous aurons fini, nous partirons.**
> Quand vous aurez fini, vous partirez.
> **Quand ils auront fini, ils partiront.**
> Quand elles auront fini, elles partiront.

Exercice: *Choisissez un pronom et faites une phrase où une action sera la <u>première</u> action (futur antérieur) et l'autre action sera la <u>deuxième</u> action (futur simple).*

        je tu il elle on nous vous ils elles

Attention à l'auxiliaire

comprendre / répondre	recevoir une lettre / écrire une réponse
arriver / se coucher	gagner de l'argent / faire un voyage
ouvrir la porte / sortir	acheter un billet / monter dans le train
se réveiller / se lever	penser / prendre une décision
sortir / s'amuser	finir l'exercice / comprendre bien

Exercice: *Utilisez les verbes de l'autre côté de cette page. (page 101)*

Si je comprends...

Si + *le présent* demande comme résultat (1) *le présent* (2) *le futur* ou (3) *l'impératif*.

> Si je <u>répète</u>, j'<u>apprends</u>.
> **Si tu répètes, tu apprends.**
> S'il répète, il apprend.
> **Si elle répète, elle apprend.**
> Si on répète, on apprend.
> **Si nous répétons, nous apprenons.**
> Si vous répétez, vous apprenez.
> **S'ils répètent, ils apprennent.**
> Si elles répètent, elles apprennent.

faire le devoir / apprendre la leçon   travailler dur / être fatigué(e)
étudier / comprendre   dormir / rêver

> Si je <u>vais en France</u>, je <u>parlerai français</u>.
> **Si tu vas en France, tu parleras français.**
> S'il va en France, il parlera français.
> **Si elle va en France, elle parlera français.**
> Si on va en France, on parlera français.
> **Si nous allons en France, nous parlerons français.**
> Si vous allez en France, vous parlerez français.
> **S'ils vont en France, ils parleront français.**
> Si elles vont en France, elles parleront français.

aller en Espagne / parler espagnol   aller au Mexique / parler espagnol
aller à Tokyo / parler japonais   aller à Rome / parler italien

> **Si tu <u>as un problème</u>, va <u>chez le médecin</u>.**
> Si nous avons un problème, allons chez le médecin.
> **Si vous avez un problème, allez chez le médecin.**

avoir faim / manger un peu   avoir soif / boire quelque chose
être fatigué / se coucher   acheter cela / payer à la caisse

TACTICS: **1, 2, 3 GO!**

Si je comprenais...

*-ais,-ais,-ait,-ions,-iez,-aient

Si avec *l'imparfait* demande comme résultat *le conditionnel*.
(*L'imparfait et le conditionnel emploient les mêmes terminaisons.**)

> Si je comprenais, je répondrais.
> **Si tu comprenais, tu répondrais.**
> S'il comprenait, il répondrait.
> **Si elle comprenait, elle répondrait.**
> Si on comprenait, on répondrait.
> **Si nous comprenions, nous répondrions.**
> Si vous compreniez, vous répondriez.
> **S'ils comprenaient, ils répondraient.**
> Si elles comprenaient, elles répondraient.

dormir bien / se sentir mieux   avoir des ailes / voler
être auteur / écrire   avoir un million de dollars / acheter _____

Exercice:
"Le cercle" je → tu   il   elle   on/quelqu'un   nous   vous   ils   elles
             moi toi lui elle   quelqu'un   nous   vous   eux   elles

> Si j'allais, tu viendrais avec moi.
> **Si tu allais, il viendrait avec toi.**
> S'il allait, elle viendrait avec lui.
> **Si elle allait, on viendrait avec elle.**
> Si on allait, nous viendrions avec. (quelqu'un)
> **Si nous allions, vous viendriez avec nous.**
> Si vous alliez, ils viendraient avec vous.
> **S'ils allaient, elles viendraient avec eux.**
> Si elles allaient, je viendrais avec elles.

Si je dansais, tu danserais avec moi, n'est-ce pas?
Si je travaillais, tu travaillerais avec moi.
Si j'étais triste, est-ce que tu serais triste?

Si j'avais compris...

Au passé, **si** *avec* l'imparfait *demande comme résultat* le conditionnel *de l'auxiliaire.*
Temps composés: **si** + plus-que-parfait   conditionnel passé

Si j'avais fait une faute, j'aurais corrigé mon devoir.
Si tu avais fait une faute, tu aurais corrigé ton devoir.
S'il avait fait une faute, il aurait corrigé son devoir.
Si elle avait fait une faute, elle aurait corrigé son devoir.
Si on avait fait une faute, on aurait corrigé son devoir.
Si nous avions fait une faute, nous aurions corrigé notre devoir.
Si vous aviez fait une faute, vous auriez corrigé votre devoir.
S'ils avaient fait une faute, ils auraient corrigé leur devoir.
Si elles avaient fait une faute, elles auraient corrigé leur devoir.

Si j'étais sorti(e), je me serais amusé(e).
Si tu étais sorti(e), tu te serais amusé(e).
S'il était sorti, il se serait amusé.
Si elle était sortie, elle se serait amusée.
Si on était sorti, on se serait amusé.
Si nous étions sorti(e)s, nous nous serions amusé(e)s.
Si vous étiez sorti(e)(s), vous vous seriez amusé(e)(s).
S'ils étaient sortis, ils se seraient amusés.
Si elles étaient sorties, elles se seraient amusées.

Exercice: "le cercle"   je   tu   il   elle   on   nous   vous   ils   elles

Si j'avais été là, tu serais venu(e), n'est-ce pas?
Si tu avais été là, il serait venu, n'est-ce pas?
S'il avait été là, elle serait venue, n'est-ce pas?
Si elle avait été là, on serait venu, n'est-ce pas?
Si on avait été là, nous serions venu(e)s, n'est-ce pas?
Si nous avions été là, vous seriez venue(e)(s), n'est-ce pas?
Si vous aviez été là, ils seraient venus, n'est-ce pas?
S'ils avaient été là, elles seraient venues, n'est-ce pas?
Si elles avaient été là, je serais venu(e), n'est-ce pas?

TACTICS: **1, 2, 3 GO!**

Quand et les temps de l'indicatif

2-3

*Certaines conjonctions de temps demandent que la phrase garde tous les verbes (1) au présent (il y a **un** temps présent) (2) au futur (il y a **deux** temps futurs) ou (3) au passé (il y a **trois** temps conversationnels au passé, mais l'imparfait n'est pas dans cet exercice.)*

1	Quand j'étudie, je comprends.	**DEUX ACTIONS** *présentes, simultanées*
2	Quand j'étudierai, je comprendrai.	*futures, simultanées*
3	Quand j'aurai étudié, je comprendrai.	*futures, séparées*
4	Quand j'aurai compris, j'étudierai	*futures, séparées*
5	Quand j'ai étudié, j'ai compris.	*passées, simultanées*
6	Quand j'avais étudié, j'ai compris.	*passées, séparées*
7	Quand j'avais compris, j'ai étudié.	*passées, séparées*

Variations: quand, lorsque, dès que, aussitôt que, après que

je   tu   il   elle   on   nous   vous   ils   elles

chanter, danser
manger, boire
monter, se regarder
se laver, se brosser les dents
travailler, écouter de la musique

_____   _____

*(Un élève choisit **la conjonction, le sujet et les verbes**; un autre choisit **le numéro** de la phrase à faire (celui-là dit la phrase) et on continue en alternant. **Attention** à l'auxiliaire.)*

    1 présent + présent   *5 passé composé + passé composé*
    2 futur + futur   *6 plus-que-parfait + passé composé*
    3 futur antérieur + futur   *7 plus-que-parfait + passé composé*
    4 futur antérieur + futur   (3 et 4, 6 et 7 – ***l'ordre*** *des actions change*)

TACTICS: 1, 2, 3 GO!

Ordre des actions – temps de verbes

Deux personnes se racontent une histoire en enchaînant les actions.
(On descend les colonnes en répétant les verbes en paires suivant un exemple ci-dessous.)

Attention à l'auxiliaire!

être	être	avoir
venir (à l'école)	**se réveiller**	manger (rapidement)
entrer (dans la salle)	**se lever**	parler (à mon ami(e))
rester (dans la salle)	**se laver**	chanter (fort)
sortir (de la salle)	**se brosser les dents**	rougir (énormément)
partir (en retard)	**s'habiller**	danser (avec mon ami(e))
tomber (dans un trou)	**se promener**	travailler (un peu)
monter (dans un taxi)	**s'amuser**	jouer (au football)
aller (à l'hôpital)	**s'arrêter**	étudier (un livre)
descendre (du taxi)	**se reposer**	écrire (une lettre)
entrer (dans l'hôpital)	**se coucher**	boire (un verre)
rentrer (chez moi)	**s'endormir**	finir (la journée)

Passé composé: *(et puis...et puis...)*
　　　1 Je suis venu(e) à l'école et puis je suis entré(e) dans la salle.
　　　2 Je suis entré(e) dans la salle et puis je suis resté(e) dans la salle.
　　　1 Je suis resté(e) dans la salle et puis je suis sorti(e) de la salle.
　　　2 Je suis sorti(e)... *continuez l'exercice en enchaînant*

Infinitif passé:　　1 Après m'être réveillé(e), je me suis levé(e).
　　　　　　　　　　2 Après m'être levé(e)...

Plus-que-parfait: 1 Quand j'avais mangé rapidement, j'ai parlé à mon ami(e).
　　　　　　　　　　2 Quand j'avais parlé à mon ami(e), j'ai chanté fort.
　　　　　　　　　　1 Quand j'avais chanté fort, j'ai beaucoup rougi.
　　　　　　　　　　2 Quand j'avais beaucoup rougi ...

Futur antérieur: 1 Quand elle sera venue à l'école, elle entrera dans la salle de classe.
　　　　　　　　　　2 Quand elle sera entrée dans la salle de classe...

Variations: utiliser d'autres pronoms (nous, tu, etc.), varier les conjonctions.

TACTICS: **1, 2, 3, GO!**

Le subjonctif

*Le subjonctif est un mode ("mood" or "way") à deux temps, le présent et le passé (p.111).
Comparez des modes:*

l'indicatif ("reality")	**Vous allez en France.**	You are going to France.
l'impératif ("commands")	**Allez en France!**	Go to France!
le subjonctif ("an idea")	**Que vous alliez en France.**	(May you) go to France.

In English: indicative ("fact") subjunctive ("concept")

    I see that **you are** here.   It is important that **you be** here.
    You are doing your homework.   I want **you to do** your homework.
    I know **they are** here.   I insist that **they be** here (tomorrow).

Terminaisons	**parler**	**finir**	**vendre**
-e	**que je parle**	**que je finisse**	**que je vende**
-es	que tu parles	que tu finisses	que tu vendes
-e	**qu'il parle**	**qu'il finisse**	**qu'il vende**
-e	qu'elle parle	qu'elle finisse	qu'elle vende
-e	**que l'on* parle**	**que l'on* finisse**	**que l'on* vende**
-ions	que nous parlions	que nous finissions	que nous vendions
-iez	**que vous parliez**	**que vous finissiez**	**que vous vendiez**
-ent	qu'ils parlent	qu'ils finissent	qu'ils vendent
-ent	**qu'elles parlent**	**qu'elles finissent**	**qu'elles vendent**

*("que l'on" est plus élégant que "qu'on" mais les deux sont correctes.)

Verbes irréguliers à mémoriser:

avoir   être

Il est important **que j'aie** de la patience.	Il faut **que je sois** à l'heure.
Il est important que tu aies de la patience.	Il faut que tu sois à l'heure.
Il est important **qu'il ait** de la patience.	Il faut **qu'il soit** à l'heure.
Il est important qu'elle ait de la patience.	Il faut qu'elle soit à l'heure.
Il est important **que l'on ait** de la patience.	Il faut **que l'on soit** à l'heure.
Il est important **que nous ayons** de la patience.	Il faut que nous soyons à l'heure.
Il est important **que vous ayez** de la patience.	Il faut **que vous soyez** à l'heure.
Il est important qu'ils aient de la patience.	Il faut qu'ils soient à l'heure.
Il est important **qu'elles aient** de la patience.	Il faut **qu'elles soient** à l'heure.
(It is important that I have some patience.)	(It is necessary that I be on time.)

Impératifs: aie, ayons, ayez   sois, soyons, soyez

Subjonctif: aie, aies, ait, ayons, ayez, aient   sois, sois, soit, soyons, soyez, soient

Indicatif – impératif – subjonctif

Quatre modes ("moods" or "ways") de verbe.

l'infinitif	*l'indicatif*	*l'impératif*	*le subjonctif*	
"name" of action	reality	commands	"ideas" (not reality)	
to ____	we are ____-ing	let's ____	that we be ___-ing	that I ____
parler	nous parlons	parlons	que nous parlions	que je parle
finir	nous finissons	finissons	que n. finissions	que je finisse
vendre	nous vendons	vendons	que n. vendions	que je vende
aller	nous allons	allons	**que nous allions**	**que j'aille**
avoir	nous avons	**ayons**	**que nous ayons**	**que j'aie**
connaître	nous connaissons	connaissons	q.n.connaissions	que je connaisse
dire	nous disons	disons	que n. disions	que je dise
devoir	nous devons	devons	**que n. devions**	que je doive
écrire	nous écrivons	écrivons	que n. écrivions	que j'écrive
être	nous sommes	**soyons**	**que n. soyons**	**que je sois**
faire	nous faisons	faisons	que n. fassions	**que je fasse**
lire	nous lisons	lisons	que n. lisions	que je lise
mettre	nous mettons	mettons	que n. mettions	que je mette
offrir	nous offrons	offrons	que n. offrions	que j'offre
ouvrir	nous ouvrons	ouvrons	que n. ouvrions	que j'ouvre
partir	nous partons	partons	que n. partions	que je parte
pouvoir	nous pouvons	(*pouvons*)?	q. n. puissions	**que je puisse**
prendre	nous prenons	prenons	**que n. prenions**	que je prenne
savoir	nous savons	**sachons**	que n. sachions	**que je sache**
sortir	nous sortons	sortons	que n. sortions	que je sorte
venir	nous venons	venons	**que n. venions**	que je vienne
voir	nous voyons	voyons	**que n. voyions**	que je voie
vouloir	nous voulons	(*voulons*)?	**que n. voulions**	que je veuille

Attention aux changements.

Le présent de l'indicatif avec **ils** *(moins -ent) est généralement la base du subjonctif.*
(comme **nous***: vous + -iez) (comme* **je***: tu + -es; il, elle, on + -e; ils, elles + -ent)*

Touchez et parlez:	**INFINITIF**	*Choisissez un verbe:* (aller)
		Choisissez un sujet: (tu)
Ideas	**SUBJONCTIF**	**Je veux** que tu* ailles.
Commands	**IMPERATIF** (tu/nous/vous)	Va!
Reality	**INDICATIF**	**Je vois** que tu vas.

TACTICS: **1, 2, 3 GO!**

Le subjonctif – usage

2-3

Subjonctif (considéré une idée)
...qu'il soit malade.
...qu'elle ait de la patience.
...que nous parlions.   ...qu'il y aille.
...que vous finissiez   ...qu'elle le fasse
...que tu vendes la voiture.
(...qu'ils parlent français.) etc.

Indicatif (considéré un fait)
...qu'il est malade.
...qu'elle a de la patience.
...que nous parlons.   ...qu'il y va.
...que vous finissez.   ...qu'elle le fait.
...que tu vends la voiture.
(...qu'ils parlent français.) etc.

---

certaines expressions impersonnelles

il semble	il est important
il est dommage	il est utile
il est rare	il est regrettable
il est bon	il est urgent
il vaut mieux	_____

incertitude

je ne pense pas	penses-tu?
je ne crois pas	je doute
crois-tu?	il n'est pas sûr
espères-tu?	il n'est pas certain
je n'espère pas	_____

nécessité, possibilité, improbabilité

il faut	il est improbable
il est nécessaire	il est possible
il est impossible	il se peut
il ne faut pas	il n'est pas possible
il n'est pas probable	_____

désir et volonté

je désire	je veux	je préfère
je souhaite	je défends	je demande
j'ordonne	j'exige	j'interdis

émotions

je suis content(e)	je suis heureux(se)
je suis surpris(e)	je suis choqué(e)
je suis ravi(e)	je suis enchanté(e)
je suis triste	je suis désolé(e)
je suis étonné(e)	_____

expressions impersonnelles de certitude

il est vrai	il est clair
il est sûr	il est certain
il me semble	il n'est pas douteux
il est probable	n'est-il pas vrai
il est évident	_____

certitude et affirmation

je pense	je crois
il est sûr	j'espère *(+ futur)*
je ne doute pas	il est certain
ne crois-tu pas?	ne penses-tu pas?
j'affirme	_____

observation et conviction

je vois	je pense
je suis certain	je comprends
je sais	je suis convaincu
je crois	je suis sûr
j'observe	_____

Combinez une expression avec un exemple en haut de la page.

Exercice: *Avec une expression sur cette page, formez une phrase complète pour illustrer le bon usage de l'indicatif et du subjonctif.*

TACTICS: **1, 2, 3 GO!**

Le subjonctif (passé) et conjonctions

Le subjonctif passé est formé par le subjonctif de l'auxiliaire et le participe passé.

(that I have finished)   *(that I have left)*   *(that I have hurt myself)*

que j'aie fini	que je sois partie(e)	**que je me sois blessé(e)**
que tu aies fini	**que tu sois parti(e)**	que tu te sois blessé(e)
qu'il ait fini	qu'il soit parti	**qu'il se soit blessé**
qu'elle ait fini	**qu'elle soit partie**	qu'elle se soit blessée
que l'on ait fini	que l'on soit partie	**que l'on se soit blessé**
que nous ayons fini	**que nous soyons parti(e)s**	que nous nous soyons blessé(e)(s)
que vous ayez fini	que vous soyez parti(e)(s)	**que vous vous soyez blessé(e)(s)**
qu'ils aient fini	**qu'ils soient partis**	qu'ils se soient blessés
qu'elles aient fini	qu'elles soient parties	**qu'elles se soient blessées**

Subjonctif   *Exemples*   Indicatif

Subjonctif	Indicatif	
qu'il puisse venir.	qu'il peut venir.	*(présent)*
que nous y allions.	que nous y allons.	
que vous soyez malade.	que vous êtes malade.	
qu'elle soit allée.	qu'elle est allée.	*(passé)*
qu'il se soit trompé.	qu'il s'est trompé.	
que tu aies parlé.	que tu as parlé.	

although	bien que	dès que	*as soon as*
although	quoique	aussitôt que	*as soon as*
in order that	pour que	parce que	*because*
before	avant que (ne)*	après que	*after*
unless	à moins que (ne)*	pendant que	*while (during)*
for fear that	de peur que (ne)*	tandis que	*while (in contrast)*
until	jusqu'à ce que	car	*for*
provided that	pourvu que	puisque	*since*
without	sans que	étant donné que	*given*

* (avant le verbe, marque d'élégance non négatif)

Inventez un début de phrase ("je vais travailler"), utilisez une conjonction et terminez la phrase pour illustrer le bon usage de l'indicatif et du subjonctif.

TACTICS: **1, 2, 3 GO!**   cent onze 111

Encore des verbes irréguliers

2-3

Pour la répétition.

s'asseoir	**battre**	**boire**	**comprendre**	**conduire**
to sit down	*to hit, beat*	*to drink*	*to understand*	*to drive*
je m'assieds	je bats	je bois	je comprends	je conduis
tu t'assieds	tu bats	tu bois	tu comprends	tu conduis
il s'assied	il bat	il boit	il comprend	il conduit
elle s'assied	elle bat	elle boit	elle comprend	elle conduit
on s'assied	on bat	on boit	on comprend	on conduit
nous n. asseyons	nous battons	nous buvons	nous comprenons	nous conduisons
vous v. asseyez	vous battez	vous buvez	vous comprenez	vous conduisez
ils s'asseyent	ils battent	ils boivent	ils comprennent	ils conduisent
elles s'asseyent	elles battent	elles boivent	elles comprennent	elles conduisent

couvrir	**croire**	**dormir**	**fuir**	**mentir**
to cover	*to believe*	*to sleep*	*to flee*	*to lie, (fib)*
je couvre	je crois	je dors	je fuis	je mens
tu couvres	tu crois	tu dors	tu fuis	tu mens
il couvre	il croit	il dort	il fuit	il ment
elle couvre	elle croit	elle dort	elle fuit	elle ment
on couvre	on croit	on dort	on fuit	on ment
nous couvrons	nous croyons	nous dormons	nous fuyons	nous mentons
vous couvrez	vous croyez	vous dormez	vous fuyez	vous mentez
ils couvrent	ils croient	ils dorment	ils fuient	ils mentent
elles couvrent	elles croient	elles dorment	elles fuient	elles mentent

Pour raconter une histoire

	je	**tu**	**il, elle, on**	**nous**	**vous**	**ils, elles**
s'asseoir	m'assieds	t'assieds	s'assied	n. asseyons	v. asseyez	s'asseyent
battre	bats	bats	bat	battons	battez	battent
boire	bois	bois	boit	buvons	buvez	boivent
comprendre	comprends	comprends	comprend	comprenons	comprenez	comprennent
conduire	conduis	conduis	conduit	conduisons	conduisez	conduisent
couvrir	couvre	couvres	couvre	couvrons	couvrez	couvrent
croire	crois	crois	croit	croyons	croyez	croient
dormir	dors	dors	dort	dormons	dormez	dorment
fuir	fuis	fuis	fuit	fuyons	fuyez	fuient
mentir	mens	mens	ment	mentons	mentez	mentent

112 cent douze

TACTICS: **1, 2, 3 GO!**

Encore des verbes irréguliers

Pour la répétition.

peindre	**plaire**	**répondre**	**recevoir**	**rire**
to paint	*to please*	*to reply*	*to receive*	*to laugh*
je peins	je plais	je réponds	je reçois	je ris
tu peins	tu plais	tu réponds	tu reçois	tu ris
il peint	il plaît	il répond	il reçoit	il rit
elle peint	elle plaît	elle répond	elle reçoit	elle rit
on peint	on plaît	on répond	on reçoit	on rit
nous peignons	nous plaisons	nous répondons	nous recevons	nous rions
vous peignez	vous plaisez	vous répondez	vous recevez	vous riez
ils peignent	ils plaisent	ils répondent	ils reçoivent	ils rient
elles peignent	elles plaisent	elles répondent	elles reçoivent	elles rient

sentir	**servir**	**suivre**	**tenir**	**vivre**
to feel, smell	*to serve*	*to follow*	*to hold*	*to live*
je sens	je sers	je suis	je tiens	je vis
tu sens	tu sers	tu suis	tu tiens	tu vis
il sent	il sert	il suit	il tient	ils vit
elle sent	elle sert	elle suit	elle tient	elle vit
on sent	on sert	on suit	on tient	on vit
nous sentons	nous servons	nous suivons	nous tenons	nous vivons
vous sentez	vous servez	vous suivez	vous tenez	vous vivez
ils sentent	ils servent	ils suivent	ils tiennent	ils vivent
elles sentent	elles servent	elles suivent	elles tiennent	elles vivent

Pour raconter une histoire.

	je	**tu**	**il, elle, on**	**nous**	**vous**	**ils, elles**
peindre	peins	peins	peint	peignons	peignez	peignent
plaire	plais	plais	plaît	plaisons	plaisez	plaisent
répondre	réponds	réponds	répond	répondons	répondez	répondent
recevoir	reçois	reçois	reçoit	recevons	recevez	reçoivent
rire	ris	ris	rit	rions	riez	rient
sentir	sens	sens	sent	sentons	sentez	sentent
servir	sers	sers	sert	servons	servez	servent
suivre	suis	suis	suit	suivons	suivez	suivent
tenir	tiens	tiens	tient	tenons	tenez	tiennent
vivre	vis	vis	vit	vivons	vivez	vivent

TACTICS: **1, 2, 3 GO!**

Un vol toutes les heures

1-2

(a flight every hour)　　　　　　　　　　　　　　　　　　　*un horaire = a schedule*
　　　Questions (à inventer).　　*Réponses de l'horaire.*

Dans le "corridor nord-est" des Etats-Unis il y a beaucoup de vols d'avion.
A l'heure il y a un vol de Boston à New York.
A trente minutes <u>après</u> l'heure il y a un vol de New York à Boston.
A quinze minutes <u>avant</u> l'heure il y a un vol de Washington D.C. à New York.
A quinze minutes <u>après</u> l'heure il y a un vol de New York à Washington D.C..

Boston à New York 0h00

0h45 *Washington à New York*　　　（12　9　3　6）　　0h15 *New York à Washington*

New York à Boston 0h30

le	De Boston à New York	De New York à Boston	De Washington à New York	De New York à Washington
premier vol	6h00 #101	6h30 #201	6h45 #301	6h15 #401
deuxième vol	7h00 #102	7h30 #202	7h45 #302	7h15 #402
troisième	8h00 #103	8h30 #203	8h45 #303	8h15 #403
quatrième	9h00 #104	9h30 #204	9h45 #304	9h15 #404
cinquième	10h00 #105	10h30 #205	10h45 #305	10h15 #405
sixième	11h00 #106	11h30 #206	11h45 #306	11h15 #406
septième	12h00 #107	12h30 #207	12h45 #307	12h15 #407
huitième	13h00 #108	13h30 #208	13h45 #308	13h15 #408
neuvième	14h00 #109	14h30 #209	14h45 #309	14h15 #409
dixième	15h00 #110	15h30 #210	15h45 #310	15h15 #410
onzième	16h00 #111	16h30 #211	16h45 #311	16h15 #411
douzième	17h00 #112	17h30 #212	17h45 #312	17h15 #412
treizième	18h00 #113	18h30 #213	18h45 #313	18h15 #413
quatorzième	19h00 #114	19h30 #214	19h45 #314	19h15 #414
quinzième	20h00 #115	20h30 #215	20h45 #315	20h15 #415
seizième	21h00 #116	21h30 #216	21h45 #316	21h15 #416
dix-septième	22h00 #117	22h30 #217	22h45 #317	22h15 #417
dix-huitième	23h00 #118	23h30 #218	23h45 #318	23h15 #418
dix-neuvième	24h00 #119	24h30 #219	24h45 #319	24h15 #419
vingtième	1h00 #120	1h30 #220	1h45 #320	1h15 #420
vingt et unième	2h00 #121	2h30 #221	2h45 #321	2h15 #421

TACTICS: **1, 2, 3 GO!**

Verbe et "cinq phrases"

page à copier dans un cahier

Le verbe: _____

infinitif: _____ futur: je_____

impératif: _____ (t)
_____ (n)
_____ (v)

temps simple **temps composé** _____
_____ (auxiliaire) _____ *(avoir ou être)*
(présent, futur, etc.) (participe passé) _____

(j) _____ _____
(t) _____ _____
(i) _____ _____
(e) _____ _____
(o) _____ _____
(n) _____ _____
(v) _____ _____
(i) _____ _____
(e) _____ _____

Cinq phrases avec le verbe:

TACTICS: 1, 2, 3 GO!

Verbe – révision complète

page à copier dans un cahier

le verbe _____   **la personne** _____

formes simples (un mot)   *formes composées (deux mots)*

participes
(sans pronom)
_____   _____

infinitifs
(sans pronom)
_____   _____

subjonctif

_____   _____
- - - - - - - - - - -   - - - - - - - - - - - - - - - -
(l'imparfait du subjonctif)*   *(le plus-que-parfait du subjonctif)**

impératifs

_____   - - - - - - - - - -
_____   - - - - - - - - - -   *(les impératifs passés ?!)*
                            - - - - - - - - - -

indicatif

_____   _____
présent   **passé composé**

_____   _____
imparfait   **plus-que-parfait**

_____   _____
futur   **futur antérieur**

_____   _____
(passé simple)*   *(* temps littéraires)*   **(passé antérieur)***

116   cent seize   TACTICS: **1, 2, 3 GO!**

Le passif + être

Le passif (rare en français) demande le verbe être + <u>un autre verbe</u> qui exprime l'action.
Il est mordu par le chien. (He is <u>bitten</u> by the dog.) Il a été <u>frappé</u> par le bus. (He was hit by the bus.)

le verbe ___*être*___   **la personne** ___*elle*___

formes simples (un mot)   *formes composées (deux mots)*
              (+ participe passé du passif)

participes
___*étant frappée*___   *(sans pronom)* ___*ayant été frappée*___

infinitifs
___*être frappée*___   *(sans pronom)* ___*avoir été frappée*___

subjonctif

qu'elle soit frappée   *qu'elle ait été frappée*
- - - - - - - - - - -   - - - - - - - - - - - - -

impératifs
sois frappé(e)   - - - - - - - - - -
soyons frappés !   - - - - - - - - - -
soyez frappé(s)   - - - - - - - - - -

indicatif

elle est frappée   *elle a été frappée*
présent   **passé composé**

elle était frappée   *elle avait été frappée*
imparfait   **plus-que-parfait**

elle sera frappée   *elle aura été frappée*
futur   **futur antérieur**

elle fut frappée   *elle eut été frappée*
   (passé simple)   *(temps littéraires)*   **(passé antérieur)**

TACTICS: **1, 2, 3 GO!**

Références – y, en, le

2-3

La question ? (Alors...?)	**Réponse.** *Je sais.*	Répétition. Pardon, j'ai oublié.	**Confirmation.** ***Je n'ai pas oublié.***
en France ? à Paris au Brésil en Italie à New York _____ _____ (page 66)	y Oui, oui... **J'y vais.** (Je n'y vais pas.) Non, non...	Tu vas où? (Tu ne vas pas où?) (page 4)	**Je vais** _____. (Je ne vais pas ___.) Oui, non, si...
de Paris ? du Portugal des Antilles de France du Havre _____ _____ (page 66)	en Oui, oui... **J'en viens.** (Je n'en viens pas.) Non, non...	Tu viens d'où? (Tu ne viens pas d'où?) (page 4)	**Je viens** _____. (Je ne viens pas ___.)
des mains ? des cheveux des plumes de l'intelligence des problèmes _____ deux pieds trois ami(e)s	en Oui, oui... **J'en ai.** (Je n'en ai pas.) Non, non... **J'en ai <u>deux</u>.** (Je n'en ai pas.)	(page 4) Tu as quoi? (Tu n'as pas de quoi?) Tu as deux quoi? Tu as trois quoi?	**J'ai** _____. (Je n'ai pas de ___.) **J'ai deux** _____. (Je n'ai pas de ____.)
intelligent(e) ? courageux(se) généreux(se) méchant(e) triste _____ _____ (page 41)	**le** (idée) Oui, oui... **Je le suis.** (Je ne le suis pas.) Non, non...	Tu es comment? (Tu n'es pas quoi?) (page 4)	**Je suis** _____. (Je ne suis pas___.)

Un élève présente un élément de la colonne à gauche; un autre répond (et vice versa).

118 cent dix-huit   TACTICS: **1, 2, 3 GO!**

Les petites personnes

1, 2 et 3

On the following page you will find visual support for work with pronouns. Personal subject pronouns and their association with gesture appear on page forty-four. Gestures, once their meaning is clearly established, provide more flexibility and rapidity than any exercise on a page; however, visual support is especially useful in pronoun drilling.

The pictograms on page 120 of **TACTICS: 1, 2, 3 GO!** represent the following:

(PEOPLE)

second person plural
you

second person singular
you

masculine				*feminine*	
third person plural *they*	third person singular *he*	first person singular *I*	third person singular *she*	third person plural *they*

first person plural
we

(THINGS)

(<u>un</u> arbre)   (<u>une</u> fleur)

masculine		some (of whatever)	*feminine*	
plural *they*	singular *it*	**"en"** (some, any, of them)	singular *it*	plural *they*

Given a model sentence, one student touches the pictogram; another makes a sentence. (It is recommended that the student forming the sentence say the sentence twice, once to assemble the pieces and again to emphasize the meaning.)

Touch	*Model - for example* (+ *négatif, interrogatif, tenses, etc.*)
once	je parle, nous parlons, elles parlent... Moi, toi, elle...
twice	Je te vois. Tu me vois. Nous vous voyons...
three times	Je le lui donne. Elle te les donne. Nous les leur donnons...
four times	Il m'a dit que tu étais avec elle. Elle m'a dit que vous étiez avec lui...
five times	Il lui a dit que nous les avons vus avec elle...
six times ?	

Three pronouns in a sentence is the usual conversational maximum; however, students will go where no teacher would think of leading them. *Bon voyage!*

TACTICS: **1, 2, 3 GO!**

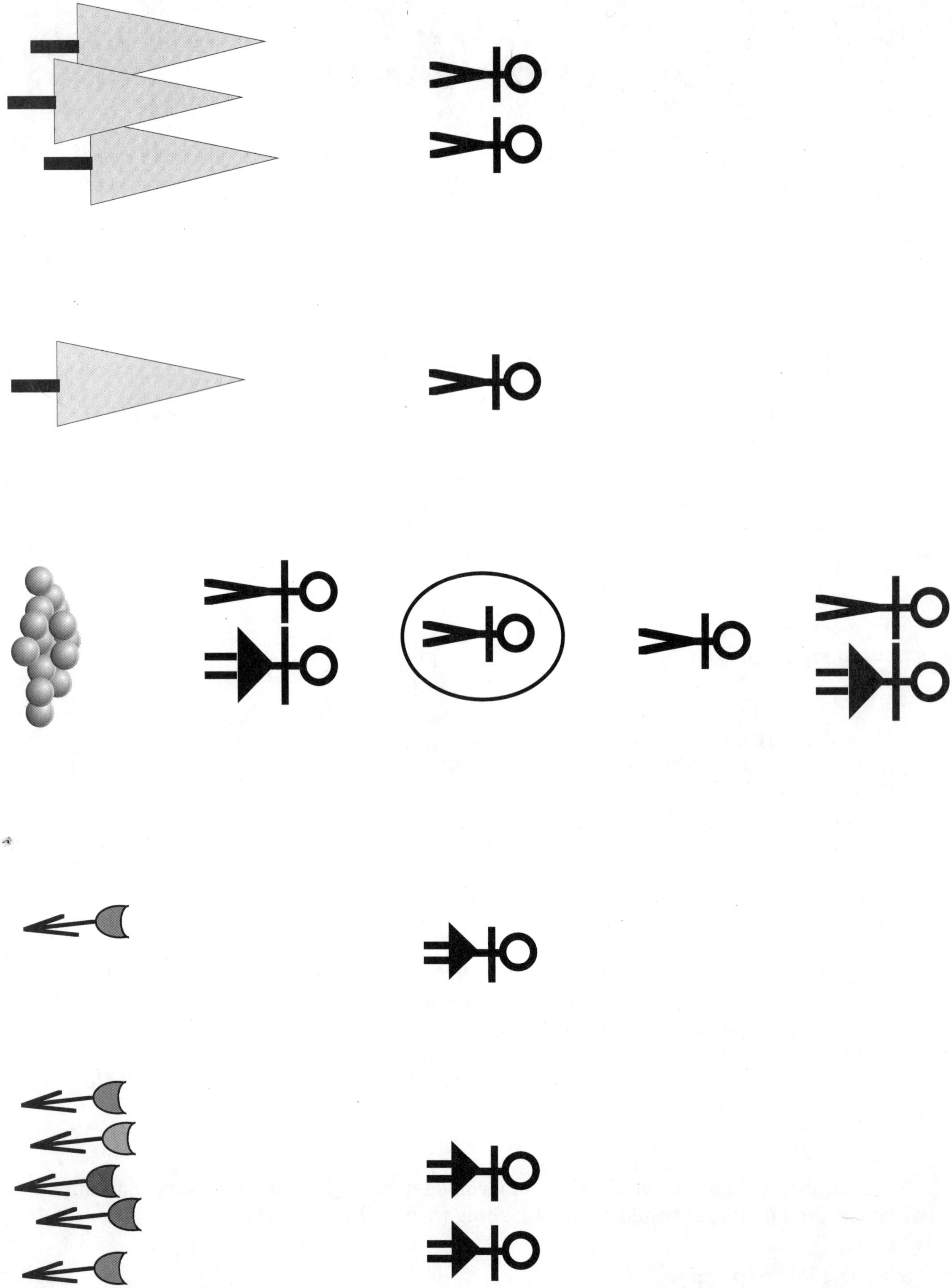

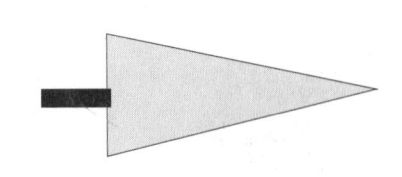